Raffaele Cammarota
Sfide mondiali. Le partite piu' belle e indimenticabili dei Mondiali di calcio

COPERTINA: Progetto grafico a cura dell'autore.
Ottimizzazione: Luigi Zangari
Esultanza di Paolo Rossi in Italia-Brasile 1982 e di Maradona in Argentina-Inghilterra 1986.

Stampato in Italia.

Raffaele Cammarota

SFIDE MONDIALI

Le partite piu' belle
e indimenticabili dei Mondiali di calcio

Indice

A Michele, Rosetta, Paolo,
Gabriele, Concetta, Michele

A Pablito e Diego

Introduzione

"Non sono altro che un mendicante di buon calcio. Vado per il mondo col cappello in mano, e negli stadi supplico: una bella giocata, per l'amor di Dio. E quando il buon calcio si manifesta, rendo grazie per il miracolo e non m'importa un fico secco di quale sia il club o il paese che me lo offre».

Cosi' Eduardo Galeano, tifoso di calcio prima che meraviglioso scrittore Uruguayano, incornicia la figura dello sportivo innamorato del pallone.

L'amore per la giocata sopraffina, per il gol impossibile, per il dribbling imprevedibile. O per quell'incredibile rimonta inimmaginabile degli ultimi minuti.

E' cosi' ci si ritrova ad emozionarsi e tornare bambini.

Improvvisamente.

Davanti alla tv per le partite dei Mondiali.

In questo libro che vi accingete a leggere sono racchiuse proprio le partite dei Mondiali di Calcio che piu' di altre hanno regalato emozioni indelebili e suggestioni talmente forti da rimanere impresse nella memoria collettiva di noi tutti. E cosi' ci ritroveremo improvvisamente allo Stadio Azteca nel 1970 nei supplementari piu' pazzi ed emozionanti della storia del calcio, o ad esultare ai gol del grandissimo compianto Pablito contro il Brasile a *Spagna '82* nella "partita piu' bella di sempre".

O ancora a riascoltare quel *"Mio Dio Fabio Grosso, Fabio Grosso"*, nel 2006 contro la Germania, che ancora oggi mette i brividi. A rimanere esterrefatti per i gol divini di Diego Armando Maradona, o ad ammirare la capacità di non arrendersi mai dei tedeschi e la cosiddetta "garra" dei sudamericani.

Torneremo indietro nel tempo alla prima finale mondiale d'altri tempi nel 1930 disputata sotto la neve; ci ritroveremo ad osservare il dramma dei Brasiliani nel "Maracanazo" del 1950 o del piu' recente incredibile "Mineirazo" del 2014.

O infine ci scopriremo a reinnamorarci delle giocate sopraffine e ineguagliabili di campioni immortali quali Pele', Schiaffino, Puskas, Eusebio, Cruijff, Beckembauer, Gigi Riva, Rivera.

Il tutto osservando come il mondo sia cambiato radicalmente sotto i nostri occhi e noi con lui.

Perche' il calcio e' molto piu' di un gioco. Segna in modo indelebile la storia delle nazioni. E' specchio di un popolo e metafora di vita. Gli uomini che lo praticano rivelano pregi, valori e difetti con assoluta sincerità.

E soprattutto e' capace di regalare emozioni improvvise e incancellabili. Trepidazioni e batticuori.

Sospensioni temporali.

Questo e' il calcio che fa innamorare.

E questo e' il calcio che ritroverete in queste pagine.

Buon viaggio amici ed emozioniamoci ancora insieme.

Uruguay – Argentina 4-2
Mondiali Uruguay 1930

"Ogni volta che un bambino prende a calci qualcosa per strada lì ricomincia la storia del calcio".
Jorge Luis Borges

30 Luglio 1930, ore 15:30
Montevideo - Estadio Centenario
Uruguay-Argentina 4-2
Reti: 12' Dorado (Uru), 20' Peucelle (Arg), 38' Stábile (Arg), 58' Cea (Uru), 68' Iriarte (Uru), 89' Castro (Uru).
Uruguay: Ballestero, Mascheroni, Nasazzi (c), Andrade, Fernández, Gestido, Dorado, Scarone, Castro, Cea, Iriarte.
Allenatore: Suppici
Argentina: Botasso, Della Torre, Paternoster, J.Evaristo, Monti, Arico Suárez, Peucelle, Varallo, Stábile, Ferreyra (c), M.Evaristo. Allenatore: Tramutola
Arbitro: Langenus (Belgio)

Il mondiale del 1930 e' il Mondiale dell'Uruguay.

Ad essere più precisi e' il Mondiale di Montevideo.

E' il primo e ultimo che si gioca in una sola localita': appunto Montevideo. Bellissima citta', piena di italiani di seconda e terza generazione. Anche chi scrive ha legami di sangue in quella citta'. Un lungomare splendido, una di quelle citta' non molto reclamizzate o inserite nei grandi circuiti turistici ma che vale la pena di vivere almeno una volta nella vita. Io l'ho fatto.

A tratti poetica, a volte nostalgica e vogliosa di grandi palcoscenici. Ma sempre molto accogliente.

D'altronde il posto che ha dato i natali ad un genio della letteratura mondiale come Eduardo Galeano non puo' non avere qualcosa di magico e speciale.

A volerla ben guardare e' grande più o meno come un quartiere popolare di San Paolo del Brasile però ha tante squadre di calcio e tutte molto forti.

Gli stadi sono tre: il primo e' il grande stadio *Centenario*. Se lo si guarda da fuori non sembra poi così grande ma una volta entrati ci si accorge che scende sotto terra come un enorme teatro greco. Gli altri due sono il *Gran Parque Central* che e' lo stadio del Nacional e l'impianto di *Pocitos* che è la patria del Peñarol.

Riandare a quel primo Mondiale vuol dire tuffarsi in un mondo che non esiste piu'. E' il 30 Luglio 1930.

Nevica. Si' nevica, perche' nell'emisfero australe siamo in pieno inverno. E quel giorno fa freddo. Molto freddo.

Si gioca la prima finale dei primi campionati mondiali di calcio, inventati e voluti fortemente dall'allora presidente della Fifa, Jules Rimet.

Viene scelta come sede per la disputa del mondiale il paese la cui squadra ha vinto le due precedenti edizioni delle Olimpiadi: l'Uruguay.

Si rivela lampante pero', in tutta la sua criticita', un problema per quei tempi non secondario: quello di organizzare una trasferta dall'altra parte del mondo, soprattutto per le squadre europee impresa decisamente ardua.

Molte scuole calcistiche europee, inoltre, snobbarono volontariamente la manifestazione risentite dal fatto di essere state messe in secondo piano circa la scelta della sede del torneo. E anche l'Italia fu tra queste: non si presentò al Mondiale, insieme ad Austria, Ungheria, Inghilterra e Cecoslovacchia.

Un calcio d'altri tempi, calzoncini lunghi fino al ginocchio e arbitri in giacca e cravatta. Un calcio ancora molto lontano dall'idea del professionismo.

Le prime due partite della storia dei Mondiali - iniziate in contemporanea il 13 luglio alle ore 15:00 - furono Francia-Messico (4-1) e Stati Uniti-Belgio (3-0).

Lucien Laurent, per la Francia, fu l'autore della prima rete in assoluto nella storia dei mondiali di calcio.[

«Stavamo affrontando il Messico e nevicava, dato che nell'emisfero meridionale era inverno. Uno dei miei compagni crossò il pallone e io ne seguii con attenzione il movimento, colpendolo al volo di destro. Fummo tutti contenti, ma non esultammo — nessuno comprese che eravamo passati alla storia. Una veloce stretta di mano e proseguimmo l'incontro. Non ci fu neanche dato un compenso: all'epoca eravamo dilettanti a tutti gli effetti.».

Cosi' Lucien Laurent a proposito del suo gol, il primo nella storia dei mondiali.

Il mondiale comunque parla la lingua del Sudamerica: il *Castellano* di Uruguay e Argentina, indubbiamente le squadre in quel momento più forti. Le due semifinali vedono vincere i padroni di casa per 6-1 sulla Jugoslavia e con lo stesso punteggio l'Argentina elimina gli Stati Uniti.

Il 30 Luglio si gioca la finale al Centenario di Montevideo.

La rivalità fra queste due nazioni è qualcosa alla quale noi non siamo molto abituati.

Alcuni giocatori uruguayani poco prima della finale pare abbiano ricevuto minacce di morte da parte degli argentini.

La stessa cosa accade all'arbitro, il belga Langenus, che impone alla FIFA la stipula di un'assicurazione sulla vita a favore della propria famiglia.

Come sostiene Federico Buffa - tra i piu' grandi conoscitori di *Futbol* sudamericano - da sempre gli argentini considerano l'Uruguay una loro provincia distaccata, con la quale possono fare più o meno ciò che vogliono.

Ovviamente gli uruguayani si allontanano da questa interpretazione, cercando di affermare una propria precisa identità. E sottolineano, con giustificato orgoglio, di aver vinto più degli argentini.

Quando si entra al Centenario di Montevideo gli Uruguagi dichiarano di essere quattro volte campioni: hanno all'attivo 2 mondiali (1930 e 1950), e le due edizioni delle Olimpiadi precedenti al primo mondiale disputato, vale a dire Parigi 1924 e Amsterdam 1928.

Questa rivalità, ancora attualissima, ha origini antiche.

La finale e' inevitabile: le piu' forti sono Uruguay e Argentina. Una finale annunciata da mesi che si rivelerà una partita meravigliosa.

Intorno a questa partita esiste ancora oggi un'aura di leggenda.

Tutti gli aneddoti che ne hanno fatto da contorno negli anni sono la chiara testimonianza di un'epoca lontana, con una mentalità del tutto diversa da quella di oggi e con un modo di intendere il gioco del calcio molto distante dal calcio-business odierno.

Tante le stranezze in quel Mondiale. La piu' assurda tra queste sicuramente l'arresto, per breve tempo, dello stesso arbitro Langenus in quanto nelle ore precedenti si erano presentate ben 13 persone tutte sostenenti fermamente di essere l'arbitro che avrebbe poi dovuto dirigere la finale.

Un'altra curiosità abbastanza controversa riguardante la partita è quella relativa al pallone con cui le squadre avrebbero dovuto giocare: gli argentini, già all'epoca più tecnici e veloci dei rivali, avrebbero voluto giocare con un pallone classico ma più leggero di quello usato nelle partite precedenti. Gli uruguayani, invece, che basavano il loro successo sulla fase difensiva guidata dal loro eterno capitano "El Caudillo" Nasazzi, volevano logicamente una palla più pesante, così da limitare le conclusioni avversarie da lontano e potersi arroccare al limite della propria area.

Per non creare un caso diplomatico già prima del match, la FIFA decise di usare un pallone per tempo: il più leggero il primo, il più pesante il secondo.

Il clima prima della finale del 1930 e' decisamente infuocato. E nello spogliatoio avviene un altro episodio decisamente singolare: Aurelio parla al suo capitano Nasazzi e gli dice: "io non me la sento di giocare".

Aurelio tra era il giocatore più in forma della squadra.

A quel punto, Nasazzi gli sfila letteralmente la maglia e chiama un giocatore, che era lì in borghese: "gioca lui!".

Questo "lui" era Castro, un falegname che aveva perso la mano destra 13 anni prima. Segnerà l'ultimo gol della partita, quello del 4-2 all'89' minuto.

Il primo tempo si gioca quindi con il pallone argentino, risultato: 2 a 1 per la nazionale albiceleste. Nel secondo tempo invece entra in scena il pallone uruguagio, risultato: 4 a 2 per gli uruguagi.

Il campo cosi' dà ragione ai padroni di casa, che passano subito in vantaggio con Dorado, subiscono la rimonta albiceleste firmata da Peucelle e Stabile, "El Filtrador" che vestirà poi anche le maglie del Genoa e del Napoli in Italia, ma sono in grado di superare di nuovo i rivali con il gol di Cea e Iriarte e, a un minuto dalla fine, di segnare il gol della sicurezza con Castro: finisce 4-2 e scoppia la festa sugli spalti e nelle strade…

Nel mito il gol del 4-2 realizzato da Héctor Castro, detto "el Divino Manco": "il divino monco".

Il soprannome deriva dal fatto che all'età di 13 anni perse la mano sinistra mentre lavorava alla bottega del padre. A 13 anni esatti di distanza da quello sciagurato evento, ormai ventiseienne, segnò in una finale dei Mondiali diventando una vera e propria leggenda per il suo popolo.

Ancora oggi, tra i campi di periferia dell'Uruguay, spesso si assiste a giovani ragazzi che, nell'atto dell'esultanza dopo un gol decisivo, nascondono la mano sinistra all'interno del pantaloncino in onore di "El Divino Manco".

L'Uruguay diventa così la prima nazionale della storia del calcio a vincere un Mondiale, divenendo la capitale del calcio universale.

L'arbitro della partita, nonostante i timori iniziali, concluse la partita indenne. Anche se, a distanza di anni, raccontò ad un giornale belga che tra primo e secondo tempo alcuni "alti dirigenti" argentini provarono a raggiungerlo nello spogliatoio. Fortunatamente, la vigilanza fece il suo lavoro e tenne l'arbitro al sicuro.

E intanto la neve riprende a scendere a Montevideo: lì' dove tutto ebbe inizio.

Brasile – Uruguay 1-2

"Il Maracanazo" - Mondiali Brasile 1950

Soltanto in tre abbiamo zittito il Maracanã con un gesto:
Frank Sinatra, Giovanni Paolo II e io.
Alcides Ghiggia

16 Luglio 1950, ore 15:00
Rio de Janeiro – Stadio Maracana'
Brasile – Uruguay 1-2
Reti: 46' Friaça (BRA), 58' Schiaffino (URU), 61' Ghiggia (URU)
Brasile: Barbosa; Augusto, Juvenal, Bauer, Danilo, Bigode, Friaça, Zizinho, Ademir, Jair, Chico. Allenatore: Costa
Uruguay: Máspoli; M. Gonzales, Tejera, Gambetta, Varela, Andrade, Ghiggia, Pérez, Miguez, Schiaffino, Morán.
Allenatore: Lopez
Arbitro: Reader (Inghilterra)
Spettatori: 198.000

Eccoci al *Maracanazo*. Quella che fino al 2014 e' stata la peggior sconfitta casalinga della storia del Brasile, poi surclassata dal *Mineirazo* del 2014.

Siamo ai Mondiali disputati in Brasile nel 1950, ultima partita della competizione tra i padroni di casa della Seleçao e gli odiati rivali Uruguaiani. Non e' la finale: in virtù della formula del torneo e' la partita decisiva per decretare il primo posto nel gironcino finale delle migliori quattro squadre.

Il luogo in cui va in scena questa sfida non è uno stadio qualunque, non un normale campo di gioco, ma l'imponente Maracana'.

Ai tempi, secondo i dati ufficiali, gli spalti avrebbero potuto contenere al massimo 120.000 persone. Nessuno pero' voleva perdersi quella partita e, secondo le stime al ribasso, sulle gradinate sono presenti piu' di 190.000 persone. Purtroppo per i brasiliani quella non fu una partita, ma un vero e proprio dramma.

Il Brasile giocava un calcio spettacolare e vincente: non solo era favorito ma per tifosi e media non poteva perdere, nemmeno lontanamente era concepita l'idea della sconfitta.

In quella strana edizione del Mondiale di calcio le 4 Nazioni vincitrici dei classici gironi eliminatori si sarebbero andate a sfidare in un ulteriore girone unico tutti contro tutti, che avrebbe decretato, al termine delle partite, la Nazione vincitrice del Mondiale brasiliano del 1950.

Alla nazionale carioca, dopo le vittorie nelle partite precedenti, per alzare la Coppa sarebbe bastato un pareggio nella partita conclusiva contro l'Uruguay.

Il Brasile arrivava da 2 vittorie schiaccianti contro Spagna e Svezia in cui aveva messo a segno ben 13 gol subendone solo 2. L'Uruguay invece aveva pareggiato 2 a 2 con la Spagna per poi vincere 3 a 2 in rimonta con la Svezia.

Questi risultati avevano convinto ancora di più il Brasile intero di una cosa: la nazionale brasiliana non avrebbe mai potuto perdere.

E infatti, la partita si mette in discesa quando al minuto 47' Friaça segna il gol del vantaggio per la Seleçao. A quel punto, visto il predominio brasiliano, solo un miracolo avrebbe potuto ribaltare il risultato.

Ma l'Uruguay, non a caso dotati della cosiddetta *Garra Charrua*[1], pareggia la partita con il leggendario Schiaffino al minuto 66. A quel punto la nazionale brasiliana sarebbe ancora campione del Mondo ma, come se nulla fosse, continua a proporre il proprio gioco offensivo e spettacolare. Anche il pubblico sembra non essere assolutamente preoccupato della situazione, tanto da iniziare già a festeggiare.

Al minuto 79' accade pero' l'imponderabile: Ghiggia viene messo davanti al portiere e, con freddezza glaciale, lo supera portando il risultato sull'1 a 2.

190 mila persone, e forse un popolo intero, perdono la parola, nessuno sembra crederci. Passano i minuti, l'arbitro fischia la fine e la Celeste diviene campione del Mondo per la seconda volta.

Per capire quanto quel gol di Ghiggia abbia scioccato un'intera nazione basta pensare che si arrivo' alla proclamazione di lutto nazionale per quarantotto ore.

Inoltre le stime, probabilmente al ribasso, parlano di ben 34 suicidi e altri 56 morti causa arresto cardiaco.

Il fondatore della Coppa del Mondo Jules Rimet affermò anni dopo: *"Era tutto previsto. Tranne questo trionfo dell'Uruguay"*.

---

[1] Per *Garra* si intende storicamente grinta e spirito combattivo, originariamente attribuiti alla scuola calcistica uruguaiana.

Ungheria – Uruguay 4-2

Mondiali Svizzera 1954

Se non fossi diventato un cantante sarei stato un calciatore... o un rivoluzionario. Il calcio significa libertà, creatività, significa dare libero corso alla propria ispirazione.

Bob Marley

30 Giugno 1954, Ore 18:00
Olympique de la Pontaise (Losanna)
Ungheria – Uruguay 4–2 dts
Reti: 13' Czibor (Ung), 46' Hidegkuti (Ung), 75' e 86' Hohberg (Uru), 111' e 116' Kocsis (Ung)
Ungheria: Grosics, Buzánszky, Lóránt, Lantos, Bozsik, Zakariás, Kocsis, Nándor Hidegkuti, Czibor, Budai, Palotás.
Allenatore: Gusztav Sebes
Uruguay: Máspoli, Santamaría, Martínez, Carballo, Andrade, Cruz, Hohberg, Schiaffino, Borges, Sauto, Ambrois.
Allenatore: Juan López
Sandy Griffiths (Galles)
Spettatori: 37.000

Ungheria - Uruguay del 1954: una delle semifinali più belle di tutti i tempi, svoltasi nella quinta edizione del campionato mondiale nazionale di calcio organizzato dalla FIFA in Svizzera.

Spenti i fuochi del conflitto coreano, espugnata Dien-Bien-Phu, sull'atollo di Bikini si scatenava minacciosa l'energia nucleare della bomba H.

L'Europa stava faticosamente rinascendo dalle macerie e dalle catastrofi della guerra e l'assegnazione alla Svizzera dell'organizzazione della V Coppa del Mondo di calcio riportava sul vecchio continente la manifestazione dopo la fantasmagorica esperienza brasiliana.

Fra le nazioni europee la Svizzera poco aveva risentito della barbarie del recente conflitto mondiale, la sua economia si era anzi arricchita e quindi la scelta dei delegati della FIFA non poteva essere migliore dal lato delle capacità organizzative e dall'assoluta mancanza di problemi finanziari. Aderirono alle qualificazioni per la fase finale 35 federazioni, fra le quali Germania e Austria che riprendevano i contatti con la Coppa del Mondo dopo il forfait del '50. Anche Ungheria e Cecoslovacchia erano della partita e le uniche assenze di rilievo si riferivano all'Argentina, che persisteva nell'isolamento, e all'URSS, rivelatasi al calcio internazionale con le Olimpiadi del '52, ma che aveva lasciato cadere la possibilità di partecipare al mondiale.

Riguardo lo spirito del tempo in Italia si respirano i prodromi del Boom economico pronto ad esplodere.

Nasce la televisione italiana: *«La RAI Radiotelevisione Italiana inizia oggi il suo regolare servizio di trasmissioni televisive»*.

È lo storico incipit di Fulvia Colombo, la decana di tutte le "signorine buonasera", che dagli studi di Milano annuncia l'inizio ufficiale del regolare servizio di trasmissioni televisive in Italia. L'evento è seguito da 15mila apparecchi in tutto il territorio nazionale, distribuiti tra abitazioni e bar dove sono raccolti migliaia di italiani.

Sono le 11 di mattina quando quel piccolo aggeggio dalla forma squadrata - allora simile più a un forno elettrico - inizia a trasmettere immagini in bianco e nero. A battezzare il nuovo elettrodomestico – il cui costo è cinque volte superiore al salario medio di un operaio dell'epoca - è il finale del "Guglielmo Tell" di Gioacchino Rossini. Quando la musica sfuma arriva la voce del primo volto femminile della storia della TV italiana, che elenca i programmi della giornata.

Si tratta di un palinsesto scarso che apre con la telecronaca dell'inaugurazione delle sedi RAI di Milano, Roma e Torino, cui segue la rubrica *Arrivi e partenze* condotta dal giovane italoamericano Mike Bongiorno. Pomeriggio all'insegna dello sport, con trotto e calcio, e del cinema con la pellicola *Le miserie del signor Travet* (nel cast figurano Gino Cervi e Alberto Sordi) di Mario Soldati.

Alle 20,45 va in onda il primo telegiornale regolare, dopo quello sperimentale trasmesso il 10 settembre del 1952. Si chiude con il teatro: viene trasmessa in diretta L'osteria della posta di Carlo Goldoni, portata in scena da Isa Barzizza e Leonardo Cortese. Il sipario cala alle 23 e sullo schermo domina il primo monoscopio RAI.

Tolkien nel 1954 pubblica il "Signore degli Anelli": elfi, uomini, nani e hobbit abitano la Terra di mezzo, su cui incombe la minaccia dello stregone Sauron, signore degli anelli del potere, contrastato da Frodo e dalla Compagnia dell'Anello.

Nello stesso anno avviene la prima scalata del K2: tutta italiana la spedizione che, partita tra la fine di maggio e l'inizio di giugno del 1954, riesce il 31 luglio a scalare per la prima volta nella storia la cima del Karakorum 2, la seconda montagna più alta della Terra.

Trieste torna italiana: l'orologio segna le 12 quando, in seguito al definitivo ritiro delle truppe angloamericane e al passaggio dei poteri nella mani del generale Edmondo De Renzi, per le strade di Trieste si alza il grido "Italia, Italia" tra centinaia di tricolori che sventolano tra la folla e dalle finestre. Dopo undici anni di dominazione straniera il capoluogo giuliano torna sotto la giurisdizione italiana, per effetto del Memorandum d'Intesa, sottoscritto a Londra ventuno giorni prima.

E poi ci sono i Mondiali di Calcio: i primi in Europa dopo la Grande Guerra.

In quella rassegna iridata ci sara' la media di gol a partita più alta di sempre nella storia dei mondiali: 5,38 (140 gol in 26 partite) e, soprattutto, sara' il primo Mondiale trasmesso in televisione, anche se ovviamente ancora solo per pochi eletti.

Il 30 giugno 1954 si giocano alla stessa ora le due semifinali del torneo: Germania Ovest e Austria a Basilea, con i ricordi, inevitabilmente ancora vivi, degli sconvolgenti avvenimenti di pochi anni prima (l'ascesa al potere di Adolf Hitler, il nazismo, l'annessione dell'Austria alla Germania e la seconda guerra mondiale). E Ungheria - Uruguay a Losanna, con la prima che viene da una durissima partita fisica contro il Brasile e con i sudamericani, campioni del mondo in carica, che hanno invece sbaragliato i "maestri" inglesi nei quarti di finale.

La partita di Losanna fu talmente spettacolare da essere definita la "vera finale del mondiale" nonostante le gravi assenze in entrambe le squadre: nell'Ungheria non poté giocare Puskas per un infortunio alla caviglia avvenuto nella gara del primo turno contro la Germania, mentre l'Uruguay non poté schierare né Obdulio Varela, il giocatore più di personalità della squadra, né Julio Abbadie, attaccante molto pericoloso per la propria abilità tecnica.

L'incontro inizia con il gol del vantaggio ungherese al 13': Hidegkuti crossa per Kocsis, il quale, di testa, favorisce a sinistra l'inserimento in area di Czibor che segna con un bel diagonale. La gara rimane in equilibrio per tutto il resto del primo tempo, ma a 2 minuti dalla fine della prima frazione di gioco gli ungheresi raddoppiano: Palotas apre a destra per Budai, che avanza sul fondo e, nonostante un contrastato, riesce a eseguire un traversone sul secondo palo, Hidegkuti di testa in tuffo anticipa tutti e segna nell'angolino.

Ormai l'Ungheria crede di aver chiuso la partita, ma, al contrario, l'Uruguay la riapre, mostrando una notevole resistenza fisica e la famosa "garra" uruguayana.

Al 30' minuto la Celeste recupera un pallone a centrocampo, Schiaffino avanza, attira su di sé 3 difensori ungheresi e lancia in profondità Hohberg, il centravanti uruguayano è solo davanti al portiere e, con freddezza, segna sul primo palo.

A 4 minuti dalla fine arriva il pareggio, assist in scivolata di Schiaffino per lo scatto di Hohberg, che scartato l'estremo difensore, scarica un violento tiro nell'angolo alto, dove due difensori ungheresi non possono nulla.

Nei supplementari la partita continua ad essere ancora più imprevedibile e spettacolare.

Dopo pochi secondi dall'inizio del tempo supplementare l'Uruguay colpisce un palo, ma al 6' del primo tempo è l'Ungheria ad andare ancora in vantaggio: Budai a destra crossa in mezzo all'area piccola, grande colpo di testa di Kocsis sul primo palo: il portiere uruguayano può solo lasciare scivolare il pallone in rete.

Inizia il secondo tempo supplementare e dopo 11 minuti di gioco ecco arrivare anche il 4-2, definitivo: un cross di Palotas dal lato sinistro, ancora Kocsis che in area schiaccia di testa, Maspoli si tuffa, ma il tiro è molto angolato e il portiere uruguayano non riesce a deviarlo. Per la prima volta nella storia dei Mondiali, l'Uruguay, due volte campione del mondo, esce sconfitta, per mano di una delle squadre piu' forti di tutti i tempi.

Negli annali del calcio occupa un posto di rilevo anche un'altra partita di quei Mondiali: il quarto di finale giocato a Losanna il 26 giugno tra Austria e Svizzera. L'incontro termino' 7 a 5 (primo tempo 5 a 4), ed e' ancora oggi la partita di una fase finale dei Mondiali di calcio con il maggior numero di reti segnate.

La partita è ricordata anche come *"L'infuocata battaglia di Losanna"*. Tra le cause di un risultato così raro c'è difatti il caldo - la temperatura ha raggiunto i 40 gradi all'ombra - l'assenza delle sostituzioni non ancora previste e gli evidenti problemi di salute del portiere austriaco (un colpo di sole), che ha subito tre reti in quattro minuti.

Germania Ovest – Ungheria 3-2

Mondiali Svizzera 1954
"Il miracolo di Berna"

Il calcio è il regno della lealtà umana
esercitata all'aria aperta.
Antonio Gramsci

4 Luglio 1954, Ore 17:00
Wankdorf Stadion - Berna
Germania Ovest – Ungheria 3-2
Reti: 6' Puskas (UNG), 9' Czibor (UNG), 11' Morlock (GER), 18' e 84' Rahn (GER)
Germania Ovest: Turek; Posipal, Kohlmeyer; Eckel, Liebrich, Mai, Rahn, Morlock, O. Walter, F. Walter, Schaefer.
Allenatore: Herberger
Ungheria: Grosics; Buzanszky, Lantos; Bozsik, Lorant, Zakarias, Czibor, Kocsis, Hidegkuti, Puskas, Toth
Allenatore: Sebes
Arbitro: Ling (Inghilterra)
Spettatori: 65.000

Miracolo di Berna è il nomignolo dato alla finale del Mondiale di calcio del 1954 tra Germania e Ungheria, giocato al Wankdorfstadion il 4 luglio 1954, vinta per 3-2 dai tedeschi dopo un'incredibile ed insperata rimonta, contro tutti i pronostici, sull'allora imbattibile Ungheria.

L'Ungheria sin dall'inizio della competizione e' considerata la favorita del torneo, tanto da venir soprannominata la "Squadra d'oro", avendo dimostrato negli anni precedenti una netta superiorità tecnico-tattica.

Piena di giocatori di classe e di talento, la formazione magiara divenne presto la squadra più forte del mondo e rimarrà tra le più grandi squadre della storia del calcio, pur senza aver mai vinto un alloro iridato.

La Germania Ovest si trova nella situazione opposta: il miglior risultato ottenuto dai tedeschi era stato il 3° posto al mondiale del 1934 ed erano ritornati a giocare un mondiale dopo l'esclusione dall'edizione del 1950, decisa dalla FIFA dopo la Seconda Guerra Mondiale.

La finale si disputa a Berna davanti a più di 60.000 persone dopo una forte pioggia che aveva reso il terreno molle, quindi favorevole alla maggiore potenza atletica e fisica dei tedeschi.

L'arbitro fischia l'inizio della partita e L'Ungheria parte subito con grande vigore. Dopo 5 minuti dall'inizio, Puskás, inserito nella formazione nonostante fosse ancora dolorante alla caviglia, mette a segno il gol dell'1-0.

Dopo due minuti dal gol, un errore del difensore tedesco Kohlmeyer permette agli ungheresi di raddoppiare: il suo retropassaggio al portiere Toni Turek dà modo a Zoltán Czibor di inserirsi in area e realizzare il 2-0.

Dopo 8 minuti la Germania e' sotto di due gol: nulla ormai sembra ostacolare un trionfo magiaro.

I tedeschi pero', invece di demoralizzarsi, riescono in un'impresa che ha il sapore dell'impossibile: due minuti dopo il raddoppio ungherese Max Morlock sfrutta un incauto retropassaggio al portiere Grosics del difensore ungherese Zakarias per segnare il 2-1.

E al minuto diciotto la Germania riesce addirittura a pareggiare: Fritz Walter batte un calcio d'angolo, sul quale si inserisce Helmut Rahn, che sorprende la difesa avversaria e segna il gol del pareggio. Dopo meno di 20 minuti si è già sul 2 a 2.

Gli ungheresi tornano a comandare la partita e prendono un palo per poi costringere il portiere tedesco Turek a grandi parate. Kohlmeyer riesce poi ad evitare un gol sulla linea di porta e i tedeschi riescono a terminare il primo tempo sul 2-2. Durante la ripresa torna a piovere e il campo diventa ancora più inzuppato.

Il secondo tempo comincia con gli ungheresi che continuano ad impensierire i tedeschi con belle azioni d'attacco e una traversa, ma la tenuta atletica della Germania è perfetta e riesce a contenere gli avversari.

Nei minuti finali del secondo tempo, con un cielo grigio e la luce in calo, avviene un'azione rocambolesca in area ungherese che porta la Germania Ovest sul 3-2: Lantos respinge un pallone, la palla viene stoppata dal tedesco Rahn al limite dell'area, l'attaccante va verso il centro e tira un diagonale rasoterra di sinistro che entra in rete sulla destra del portiere Grocics.

Nelle fasi finali della partita, gli ungheresi cercano invano il pareggio: a 5 minuti dalla fine Puskás, anche se zoppicante, segna con un tiro di sinistro in area ma l'arbitro inglese Ling, su indicazione del guardialinee, annulla per un fuorigioco molto dubbio. Proprio all'ultimo secondo, Czibor, davanti al portiere avversario, tira il pallone addosso a quest'ultimo e sciupa così l'ultima occasione della partita.

La partita termina 3-2 per la Germania Ovest che riesce a battere una delle squadre piu' forti della storia del calcio, dando inizio alla gloriosa storia calcistica tedesca.

Perche' questa e' la storia di una vittoria impossibile, della Germania che conquista il primo dei suoi titoli mondiali contro ogni pronostico.

Ma non è solo calcio: quell'evento, imprevedibile perché il Mondiale del '54 avrebbe dovuto consacrare l'immortalità della Nazionale ungherese di Puskas e Hidegkuti, una delle più forti squadre mai apparse sui campi di football, rappresenta la conclusione ideale del lungo dopoguerra germanico: il riscatto definitivo del Paese, dopo anni di privazioni, sofferenze, sacrifici di un popolo intero, riparte proprio da lì, dal pallone.

Anche se solo simbolicamente, è bello pensare che proprio con quel trionfo sia cominciata l'ascesa tedesca ai vertici mondiali, in tutti i settori della vita, un po' come, più in piccolo, il successo azzurro al Mundial di Spagna del 1982 segnò la fine degli anni di piombo e l'avvio di una fase di benessere, quella degli irripetibili anni Ottanta, ad emblema della voglia di un popolo di scrollarsi di dosso brutture e tragedie per tornare a pensare positivo e a costruire qualcosa di grande.

Brasile – Svezia 5-2
Finale Mondiali Svezia 1958

Il calcio è musica, danza e armonia.
E non c'è niente di più allegro della sfera che rimbalza.
Pele'

29 giugno 1958, Ore 15:00
Raasunda Stadium - Stoccolma
Brasile – Svezia 5-2
Reti: 4' Liedholm (SVE), 9' e 32' Vavá (BRA), 55' e 90' Pelé (BRA) , 68' Zagalo (BRA), 80' Simonsson (SVE)
Brasile: Gilmar; D. Santos, N. Santos, Zito, Bellini, Orlando, Garrincha, Didí, Vavá, Pelé, Zagalo.
Allenatore: Feola
Svezia: Svensson; Bergmark, Axbom, Boerjesson, Gustavsson, Parling, Hamrin, Gren, Simonsson, Liedholm, Skoglund.
Allenatore: Raynor
Arbitro: Guigue (Francia)
Spettatori: 50.000

Dopo il mondiale elvetico, la FIFA decide di assegnare l'organizzazione della sesta edizione della Coppa del Mondo alla Svezia, ancora in Europa.

Nel 1958 entra in vigore il trattato di Roma che istituisce la Comunità Economica Europea e la Comunità Europea dell'Energia Atomica tra Italia, Francia, Germania, Belgio, Olanda e Lussemburgo.

Di fatto le prove generali della futura Unione Europea, oggi percepita da molti come un giogo indesiderato, all'epoca vissuta come aspirazione ideale alla quale tendere.

E' l'anno in cui Modugno e Dorelli vincono il festival di Sanremo con *Nel Blu Dipinto di Blu.*

Quello di Svezia è il primo mondiale al quale l'Italia non riesce a qualificarsi, evento unico nella nostra storia fino, purtroppo, al 2018. E oltre agli azzurri anche l'Uruguay, per la prima volta, non ottiene sul campo la qualificazione alla fase finale. Sono tutte presenti, invece, le squadre del Regno Unito (Inghilterra, Galles, Scozia e Irlanda del Nord), distribuite una per ciascuno dei quattro gironi eliminatori. Prima partecipazione anche per l'Unione Sovietica, campione olimpico a Melbourne nel 1956.

La leggenda di O'rey, Pelè, nasce in un normale pomeriggio del giugno 1958 quando durante la finale del Mondiale svedese il Brasile sconfigge per 5-2 i padroni di casa della Svezia che pur erano passati in vantaggio al 4' con un gol del "barone" Niels Liedholm, ben noto al calcio italiano per le sue grandi prestazioni al Milan.

Didi, Vavà, Pelè, Garrincha; questa è la storica filastrocca che identifica 4 dei più forti giocatori dell'epoca e della storia del calcio che poi avrebbero portato i verdeoro a vincere anche in Cile nei successivi Mondiali giocati 4 anni dopo.

In quella finale i brasiliani giocano il loro classico calcio bailado che ti avvolge e porta a chiederti in uno stato di estasi: "ma come fanno degli esseri umani e ad avere quei piedi?"

Brasile e Svezia scendono in campo per la finale il 29 giugno 1958 alle ore 15:00, al Råsundastadion di Solna.

Le formazioni sono le stesse scelte dai quarti in poi da entrambi gli allenatori.

Proprio nei quarti c'è stato l'esordio del quartetto Pelè – Vavà – Didi – Garrincha con il primo che trovò subito il suo primo gol.

La partita inizia con la pioggia e gli svedesi sperano che la cosa rallenti i brasiliani, ma non andrà proprio così.

L'avvio dei padroni di casa e' veemente: dopo meno di 5 minuti dal fischio d'inizio Liedholm, supera in dribbling due avversari e batte l'estremo difensore del Brasile con un diagonale destro, portando in vantaggio la Svezia.

La reazione dei brasiliani non si fa attendere e, dopo soli 4 minuti dal gol subìto, Garrincha va sul fondo della fascia destra ed esegue un cross rasoterra nell'area svedese.

Pelé riesce a toccare il pallone per Vavá, che trova senza problemi il gol del pareggio.

La Svezia non si perde d'animo e continua a giocare e a mantenere in parità la partita, nonostante un palo di Pelé.

Ma al 32' minuto, con un'azione identica a quella che aveva portato il Brasile sull'1-1, Garrincha, da destra, serve, ancora una volta Vavá, che segna la rete del 2-1 per i verdeoro che chiudono il primo tempo in vantaggio.

Nella seconda frazione di gara esplodono il talento e la classe del giovanissimo Pelé, che, a 10 minuti dall'inizio della ripresa, realizza uno dei gol più belli di tutti i tempi: stoppa di petto un pallone indirizzato a lui in area di rigore, scavalca con un sombrero il povero Gustavsson che tenta, invano, di togliergli la palla e segna il 3-1.

La partita ormai la fa il Brasile che continua a insidiare la Svezia con azioni pericolose e tiri insidiosi.

Al minuto 23' del secondo tempo arriva il 4-1 della Seleção: Zagallo batte un calcio d'angolo, gli svedesi riescono ad allontanare, ma sulla ribattuta, lo stesso Zagallo, segna con un potente diagonale sinistro.

La Svezia è ormai rassegnata alla sconfitta, riesce a trovare il gol con Simonsson a 10 dalla fine ma, proprio all'ultimo minuto di gioco, Pelè con un gol di testa permette al Brasile di vincere il suo primo mondiale per 5-2.

Una vittoria senza discussioni in quella che, ad oggi, è ancora la finale mondiale più ricca di gol in assoluto.

È l'apoteosi del calcio brasiliano e, soprattutto, la nascita di quello che per molti è ancora oggi tra i più forti giocatori mai visti su un campo da gioco.

In patria verdeoro è festa grande tanto che si registrano sette decessi per infarto tra la popolazione e una settimana intera di canti, balli e stelle filanti a celebrare una squadra ricca di classe e pronta ad aprire un ciclo di vittorie che il Brasile aspettava da tempo. Nel giro di campo celebrativo del dopo partita, i giocatori verdeoro - per l'occasione in maglia blu visto che il sorteggio aveva assegnato ai padroni di casa il diritto di indossare la maglia gialla - vengono applauditi non solo perché ostentano una grande bandiera svedese: il loro valore è tale da non poter non essere riconosciuto.

Portogallo – Corea del Nord 5-3
Mondiali Inghilterra 1966

Se non fossi diventato un cantante sarei stato un calciatore...
o un rivoluzionario. Il calcio significa libertà,
creatività, significa dare libero corso alla propria ispirazione.
Bob Marley

23. luglio 1966
Goodison Park (Liverpool)
Portogallo – Corea del Nord 5-3
Reti: 1' Seung Zin Pak, 22' Dong-Woon Lee, 25' Seung-Kook Yang, 27' 43' 56' 59'Eusebio, 80' José Augusto
Portogallo: José Pereira, Hilário, João Morais, Alexandre Baptista, Lucas, Coluna, António Simões, Jaime Graça
José Augusto, Eusébio, José Torres
Corea del Nord Chang-Myung Lee, Yung-Kyoo Shin
Zoong-Sun Lim, Doo-Ik Pak, Bong-Zin Han, Yoon Kyung
Yong-Won Ha, Seung-Hwi Im, Seung Zin Pak
Arbitro: Menachem Ashkenazi (Israele)
Spettatori: 51.000

Siamo nel quarto di finale meno nobile del Mondiale inglese del 1966. Da una parte la giovane squadra portoghese, età media 23 anni, dall'altra l'incognita della Corea del Nord.

Per capire quanto le due squadre fossero sottovalutate basta pensare a due curiose circostanze. La prima riguarda i portoghesi: la federazione della squadra lusitana aveva già acquistato i biglietti di ritorno dall'Inghilterra per una data precedente a quella dei quarti di finale. In pratica, nemmeno i portoghesi stessi credevano alla possibilità di poter passare il girone.

La seconda curiosità riguarda i coreani: i commentatori di tutte le emittenti televisive conoscevano talmente poco i giocatori che invece di chiamarli per nome, utilizzavano i numeri delle loro maglie.

Le due nazionali però, in barba alle previsioni, nei gironi precedenti eliminarono rispettivamente le più quotate rappresentative brasiliana e italiana.

Clamorosa e purtroppo storica per noi l'eliminazione degli Azzurri per mano della Corea del Nord, per 1-0 con gol di Pak Doo-Ik, in quella che e' una delle partite piu' deludenti dell'intera storia del calcio nostrano.

La partita tra Portogallo e Corea si svolse allo storico Goodison Park, casa dell'Everton con ben 30.000 spettatori presenti sulle gradinate. Del tutto ignari dello spettacolo colmo di emozioni al quale avrebbero assistito di li' a poco.

Probabilmente la maggior parte andò solo per far festa. Chi avrebbe mai pensato di assistere ad una delle partite più rocambolesche della storia?

La partita così inizia tra i canti e i balli dei presenti e, dopo 25 minuti la Corea del Nord è già in vantaggio di 3 reti. Per 3-0 ragazzi, ci rendiamo conto?

In quel preciso istante, i giocatori coreani diventano gli idoli del pubblico tanto che dagli spalti si alza il coro: "Corea

Cha Cha Cha", sulle note musicali di un coro molto in voga all'epoca.

All'euforia del pubblico però corrisponde la spietata freddezza dei politici inglesi: infatti, dopo la Guerra di Corea, la Gran Bretagna aveva tagliato ogni tipo di comunicazione con la Corea del Nord.

Ad ogni tackle o ad ogni passaggio riuscito dei coreani, il pubblico entra in uno stato di delirio.

Ed e' a questo punto però che il fuoriclasse portoghese Eusebio, "O Pantera Negra", decide di caricarsi un'intera squadra e un'intera nazione sulle spalle e inizia praticamente da solo la rincorsa ai coreani.

Dopo qualche occasione sprecata dai compagni, Eusebio si mette in proprio e, prima dell'intervallo, realizza ben 2 reti che riaprono la partita e rilaciano le speranze lusitane. 5 gol in un tempo, nessuno lo avrebbe mai ipotizzato guardando la presunta scarsa qualità, a parte Eusebio, delle 2 rose.

Inizia la ripresa e sempre Eusebio si esibisce in quelli che forse sono tra i 15 minuti più dominanti della storia del calcio. Prima segna un gol incredibile con un tiro perfetto all'angolino basso poi si procura un rigore che lui stesso realizza mettendo la firma su una delle rimonte più clamorose e veloci della storia dei Mondiali. 4-3 per i portoghesi da 0-3. Incredibile!

A questo punto, il pubblico prova a rimettere in corsa i coreani che però, frastornati, sugli sviluppi di un calcio d'angolo prendono il 5° gol da Lose' Augusto. Manco a dirlo l'assist da calcio d'angolo è arrivato da Eusebio.

Il Portogallo così, trascinato dalla sua stella, supera i coreani zittendo il Goodison Park e guadagna la prima semifinale Mondiale della sua storia.

E cosi' il giovane mozambicano Eusebio che «vibra por los goles», viene di colpo considerato da tutti come più bravo di Pelé, più completo di lui, in possesso di un repertorio di gioco superiore, di più ampio respiro.

Gli entusiasmi di un giorno illuminato dalla grazia e dal talento? Certamente. Ma altrettanto reale e' la qualita' e il talento dimostrati da uno dei piu' forti giocatori di tutti i tempi.

Pelé riprenderà presto il suo trono nell'immaginario collettivo. Ma Eusebio, che proseguirà una carriera ricca di successi sempre con la maglia del Benfica, raggiunse quella sera, nello stadio di Liverpool, e in tutto il Mondiale inglese, il momento più alto e straordinario della sua parabola di straordinario calciatore.

Inghilterra – Germania Ovest 4-2
Finale Mondiali Inghilterra 1966

Il calcio è l'unica religione che non ha atei
Anonimo

30 luglio 1966
Wembley Stadium, Londra
Inghilterra – Germania Ovest 4-2 dts
Reti: 12' Haller (GER), 18' Hurst (ING), 78' Peters (ING), 90' Weber (GER), 101' e 120' Hurst (ING)
Inghilterra: Banks; Cohen, Wilson; Stiles, J. Charlton, Moore; Ball, Hurst, Hunt, R. Charlton, Peters.
Allenatore: Ramsey
Germania Ovest: Tilkowski, Hottges, Schnellinger; Beckembauer, Schulz, Weber; Held, Haller, Seeler, Overath, Emmerich. Allenatore: Schoen
Arbitro: Dienst (Svizzera)
Spettatori: 94.000

È il mondiale del "Football come back home".

Il Mondiale in cui il calcio torna dai suoi inventori.

Cosi' come si sono sempre ritenuti, a volte un po' presuntuosamente, gli inglesi.

In particolare, una partita tanto bella quanto controversa è la finale tra i padroni di casa inglesi e gli storici nemici della Germania.

Gli strascichi della Seconda Guerra Mondiale sono ancora evidenti: tutti i tedeschi arrivati in Gran Bretagna per supportare la propria squadra vengono trattati come criminali. Alcuni pub decidono di appendere un cartello all'esterno: "Vietato l'ingresso ai tedeschi".

Il teatro della Finale non poteva che essere il leggendario Wembley, a Londra.

L'aria che si respira tra gli inglesi è quella di festa; nessuno, ma veramente nessuno, pensa che la Nazionale possa essere sconfitta in casa dai rivali tedeschi.

Le due squadre arrivano alla finale con le migliori difese del torneo. L'Inghilterra dopo aver subito solo un gol dal Portogallo di Eusebio. La Germania, invece, solo 2 volte aveva dovuto raccogliere la palla nella propria porta: una volta nei gironi contro la temibile Spagna ed in semifinale contro la fortissima Unione Sovietica di Lev Jascin.

Questi dati lasciavano presagire una partita molto tattica, con poche reti e poche emozioni. E invece fu l'esatto opposto.

L'arbitro della partita, lo svizzero Dienst, decreta l'inizio e gli inglesi provano subito ad assumere il predominio del gioco. Al minuto 12' però, il centrocampista tedesco Haller, adattato a terzino per quella partita, insacca alle spalle del portiere inglese Gordon Banks. 0-1 e il gelo cala su Wembley e su tutta l'Inghilterra.

Gli inglesi mantengono la calma e dopo appena 6 minuti, al 18', il bomber inglese Hurst segna facendo esplodere di gioia i tifosi sugli spalti. Da quel momento, la partita è un incredibile susseguirsi di emozioni che però non portano a nessun gol.

Fino a quando, al minuto 78', il centrocampista inglese Peters, in modo inaspettato, sigla il 2-1. A quel punto l'Inghilterra sembra avere in tasca il Mondiale con i tedeschi ormai sfiniti.

Ma, si sa, i tedeschi non muoiono mai e, ad un minuto dalla fine Weber pareggia gettando nella disperazione Wembley e un'intera nazione.

Si va ai tempi supplementari. Ancora tanto equilibrio fino al minuto 100', quando accade il misfatto: Hurst stoppa in area e lascia partire un tiro secco, la palla colpisce la traversa e rimbalza sulla linea. Attimi di panico, è gol? Non è gol? La decisione viene presa dal guardalinee: è gol, 3-2.

Con la tecnologia odierna, la *gol line technology*, in pochi secondi ci sarebbe stato il giusto responso del *no gol.*

Ma cosi' non fu. E rimarrà imperituro nella storia come il gol fantasma, inesistente e ingiusto, più famoso e importante della storia; dalle immagini successive si vedrà chiaramente che la palla non era entrata totalmente in porta.

Da quel momento la Germania scompare dal campo e ancora Hurst segna la sua personale tripletta chiudendo la partita sul 4-2.

Le polemiche ovviamente non si placarono facilmente e forse non si sono mai placate del tutto, tanto che per molto tempo sui quotidiani tedeschi, in riferimento al Mondiale 1966 si poteva leggere: *"Abbiamo perso la finale dei Mondiali per 2 a 2"*.

E cosi' a bilancio del Mondiale 1966 si puo' tranquillamente affermare che successe davvero un po' di tutto.

Mai in un mondiale vi furono insieme tanti fatti unici ed irripetibili: la Corea del Nord ai quarti di finale e quasi in semifinale dopo aver eliminato l'Italia e quasi il Portogallo di Eusebio, la coppa Rimet rubata e ritrovata da un cagnolino a passeggio, l'Africa che boicotta la competizione, le sud americane che parlano di "furto del secolo" e infine una finale decisa da un gol inesistente.

E cosi' l'Inghilterra si ritrova campione del mondo per la prima ed unica volta nella sua storia, nel mondiale casalingo, con un successo che però e' ancora oggi avvelenato dal sospetto di favori, presunti errori e possibili connivenze di vario tipo.

Germania Ovest - Inghilterra 3-2

Mondiali Messico 1970

Il calcio è uno dei mezzi di comunicazione migliori al mondo: è imparziale, apolitico e universale.
Franz Beckenbauer

14 Giugno 1970
Nou Camp (León)
Germania Ovest - Inghilterra 3-2 dts
Reti: 31' Mullery (ING), 49' Peters (ING), 68' Beckenbauer (GER), 82' Seeler (GER), 108' Müller (GER).
Germania Ovest: Maier, Vogts, Hottges, Schnellinger, Fichtel, Beckenbauer, Libuda, Overath, Lohr, Seeler, Muller.
Allenatore: Helmut Schön
Inghilterra: Bonetti, Newton, Moore, Labone, Cooper Mullery, Lee, Ball, Charlton, Peters, Hurst.
Allenatore: Alf Ramsey
Arbitro: Angel Coerezza (Argentina)
Spettatori: 23.357

A 4 anni dalla finalissima con il famoso gol fantasma di Hurst, la Germania ha subito l'occasione per vendicarsi degli inglesi e rifarsi, seppur in parte, dell'ingiustizia subita.

L'occasione è meno nobile, non una finale ma un quarto di finale. Ma e' pur sempre un Mondiale. E si sa: le partite dei Mondiali sono un unicum a parte.

Le due squadre arrivano alla partita avendo passato agevolmente il girone, anche se gli inglesi hanno subito una sconfitta per 1-0 dal Brasile.

Il Mondiale per gli inglesi non era iniziato benissimo: il capitano e fuoriclasse Bobby Moore, poco prima di partire per la rassegna iridata in Messico, era stato arrestato a Bogotà con l'accusa di aver rapinato una gioielleria.

Fortunatamente per lui viene scagionato e riesce a raggiungere i compagni per la prima partita.

Si arriva cosi' al quarto di finale senza una vera e propria favorita. I tedeschi avevano il difensore e l'attaccante più forti d'Europa (Beckenbauer e Muller), ma gli inglesi erano più squadra e avevano nella testa la vittoria del Mondiale precedente.

La partita si disputa a Lèon, in una delle giornate più calde del giugno messicano e l'arbitraggio tocca all'argentino Angel Coerezza. Allo stadio, chiamato Nou Camp, sono presenti 23.000 persone (almeno quelle registrate ai botteghini).

Pronti via, ed alla mezz'ora gli inglesi sono gia' in vantaggio con Alan Mullery. La partita rimane molto tesa con interventi al limite del legale e tante occasioni da gol. Al minuto 49' di nuovo una rete: l'Inghilterra raddoppia con l'attaccante Martin Peters. 0 a 2 e i tedeschi iniziano ad intravedere l'ombra di una nuova sconfitta contro gli acerrimi rivali. Difficile ipotizzare una rimonta.

Stavolta però, la classe tedesca è troppa per essere sconfitta e proprio il leader Franz Beckenbauer al minuto 68 riapre il match cambiando il volto alla partita.

Da quel momento la partita è un netto dominio dei tedeschi e il gol del pareggio è nell'aria.

Tante sono le occasioni, ma il portiere Peter Bonetti sembra insuperabile, e cresce l'ansia dei tedeschi.

Il gol arriva al minuto 82' grazie al numero nove Uwe Seeler.

Gli inglesi invece di provare a reagire decidono di arroccarsi nella propria metà campo e, con grande sofferenza, riescono a concludere sul pareggio i tempi regolamentari.

Si va pertanto ai supplementari e qui la vendetta, solitamente da gustare fredda, si consuma nel caldo di un pomeriggio messicano, nel modo più dolce per gli uni e più beffardo per gli altri, con gli avanti inglesi Hurst e Lee privi di rifornimenti, data l'avvenuta sostituzione dei creatori di gioco Peters e Bobby Charlton, e l'inerzia della gara oramai in mano ai tedeschi.

Il destino si compie al 3' del secondo tempo supplementare, quando un lungo cross da destra di Grabowski viene corretto di testa verso il centro area da Lohr proprio dove è appostato Gerd Muller, bomber di razza, il quale piazza la zampata vincente, è proprio il caso di dirlo visto il gesto tecnico. I minuti successivi sono un assedio degli inglesi, feriti nell'orgoglio, che però vanno a sbattere contro il muro tedesco guidato dal leggendario Franz Beckenbauer che in quei 10 minuti finali sembra essere quasi onnipotente.

La Germania trionfante vince e vola cosi' in semifinale battendo 3-2 l'acerrima ed esausta nemica.

La rivincita è compiuta e, questa volta, i quotidiani tedeschi titolano: "Finalmente giustizia è fatta, l'affronto di Wembley, ora si', e' vendicato".

Italia - Germania Ovest 4-3

Mondiali Messico 1970
"La partita del secolo"

Non ringrazieremo mai abbastanza i nostri giocatori
per queste emozioni che ci offrono!
Nando Martellini

17 Giugno 1970
Azteca - Città del Messico
ITALIA - Germania Ovest 4-3 dts
Reti: Boninsegna al 8', Schnellinger al 90', Muller G. al 94', Burgnich al 98', Riva al 104', Muller al 110', Rivera al 111'
Italia: Albertosi, Burgnich, Facchetti, Bertini, Rosato (dal 90' Poletti), Cera, Domenghini, Mazzola (dal 45' Rivera), De Sisti, Riva, Boninsegna. All.: Valcareggi.
Germania: Maier, Patzke (dal 63' Held), Schnellinger, Schulz, Beckenbauer, Grabowski, Overath, Vogts, Seeler, Muller G., Loehr (dal 53' Libuda). All.: Schon
Arbitro: Yamasaki (Perù)
Spettatori: 102.000

Sempre durante i Mondiali messicani del 1970 è stata giocata quella che prima dai media e poi dalla Fifa è stata definita *La Partita del Secolo.*

Tra gli incontri piu' emozionanti, imprevedibili e belli di tutti i tempi. Per pathos, emozioni e importanza sicuramente tra le prime tre della storia del calcio.

Parliamo ovviamente della semifinale tra Italia e Germania Ovest, svoltasi nel 1970 a Città del Messico nello stadio Azteca. Fu una gara unica nel suo genere, con un susseguirsi continuo di sorprese ed emozioni nei supplementari come mai prima di allora. Proprio per questo venne amata dalla gente che rimase incollata ai televisori fino a tarda notte per seguirla.

A questo match sono stati dati tanti significati.

Il più importante, probabilmente al di là del valore sportivo, è che segna agli occhi del mondo il culmine di un riscatto umano, sociale e persino politico di un Paese che era stato in ginocchio fino a qualche lustro prima e che anche nelle gioie e nella coesione dello sport ritrova la sua strada.

Da Coppi e Bartali, via via fino agli eroi contadini delle prime due Olimpiadi del dopoguerra, continuando con la bellissima sbornia dei Giochi di Roma, per finire col primo e unico titolo europeo nel calcio nel 1968. Proprio quel calcio che a livello di Nazionale ci vede iniziare da campioni del Mondo in carica gli anni 50 e che, per vent'anni, ci riserva invece solo delusioni.

Questi ragazzi in Messico sono tutti "figli della guerra": dai più vecchi (Puia e Burgnich del '38 e del '39) ai più giovani (Niccolai, Gori, Prati e Furino, tutti del '46).

Vengono tutti da famiglie modestissime: quelle che si sono rimboccate le maniche per dar loro da mangiare e per farli crescere in un Paese migliore. E loro hanno ringraziato così: regalandoci un sorriso e sputando l'anima finché hanno potuto.

Sono anni in cui la maglia azzurra e' fortunatamente ancora più importante di tutte le altre maglie messe assieme. E ancora non fanno capolino tatuaggi sotto di essa.

Figuriamoci.

Cosi' un Paese intero si ritrova di notte davanti alle tv. In bianco e nero ovviamente.

Con le immagini non certo ad alta definizione come oggi.

La telecronaca e' affidata a Nando Martellini, da poco subentrato a Niccolo' Carosio, che accompagna la partita con il suo meraviglioso accento del centro Italia e un italiano impeccabile.

"Forza Italia!".

Gli Azzurri, campioni d'Europa uscenti, pur finendo primi nelle eliminatorie, non hanno convinto; sono riusciti a racimolare soltanto una vittoria, 1-0 contro la Svezia, e due pareggi a reti inviolate, contro l'Uruguay e, deludendo, contro l'esordiente Israele. L'incertezza inizia a scemare solo quando gli azzurri, finalmente, nei quarti di finale vincono e convincono sconfiggendo nettamente i padroni di casa del Messico per 4-1, con una prestazione maiuscola di Rivera subentrato nel secondo tempo.

Come possa un giocatore della caratura e del talento di Gianni Rivera, per di piu' Pallone d'oro in carica, non giocare titolarissimo in quella nazionale rimane uno dei misteri inspiegabili e irrisolti della storia del calcio Azzurro.

Valcareggi era persona per bene, ma tale scelta scellerata rimarra' una macchia sportiva indelebile. Come quella del Trap sulla mancata convocazione di Roberto Baggio ai Mondiali 2002.

Ma questa e' un'altra storia.

Oltre alla partenza blanda, cio' che danneggio' la tranquillità dei ragazzi del CT Ferruccio Valcareggi, e che si alimentera' dopo la finale, fu proprio la famosa "staffetta" tra l'interista Sandro Mazzola e il milanista Gianni Rivera: l'interista veniva schierato da titolare, mentre il rossonero lo sostituiva nella ripresa, nel tentativo di sorprendere gli avversari.

Inutile dilungarsi troppo: mai scelta sportiva fu piu' inopportuna e sbagliata. Il talento va sfruttato e utilizzato. Sempre. Soprattutto quando i protagonisti sono due tra i piu' grandi giocatori italiani di tutti i tempi.

Mazzola non segnerà alcun gol in questa competizione, ma darà un grande contributo al raggiungimento della finale, dove giocherà l'intera partita (Rivera entrerà solo all'84', al posto di Boninsegna stavolta).

La Germania Ovest, al contrario dell'Italia, si presenta all'Azteca fiduciosa e da favorita dei pronostici. Hanno stravinto il girone eliminatorio vincendo tutte le partite e riuscendo, nei quarti, nella grandissima rimonta contro gli inglesi di cui abbiamo parlato nel capitolo precedente.

Gli azzurri e i teutonici scendono in campo il 17 giugno alle ore 16:00 presso lo Stadio Azteca di Città del Messico, sopra i 2000 m d'altitudine e sotto la direzione dell'arbitro messicano Arturo Yamasaki.

Il calcio d'inizio viene assegnato alla Nazionale italiana, che già dal primo minuto inizia un blando possesso palla, in modo tale da sfiancare l'avversario, ridurre al minimo i suoi attacchi e preservare il controllo della sfera.

La partita si sblocca improvvisamente all' ottavo minuto: dopo una bella combinazione con Gigi Riva, Roberto Boninsegna, alla ricezione del pallone, viene celermente accerchiato dalla difesa tedesca che però non riesce a fermare il suo violento sinistro dalla distanza che batte il portiere Sepp Maier.

L'Italia tutta e' emozionata davanti alle Tv.

Siamo in vantaggio e a un passo dalla finalissima. Ma la partita e' ancora lunga. Lunghissima.

Dopo il gol, forse inconsciamente appagati del vantaggio, e con la recondita speranza di poterlo preservare fino alla fine, l'Italia decide di mettersi sulla difensiva, intimorendo i tedeschi solamente con alcuni insidiosi contropiedi.

Tante le occasioni per la Germania, la più eclatante arriva quando il portiere italiano Enrico Albertosi, a un minuto dal 90', salva il risultato deviando un pericoloso colpo di testa di Uwe Seeler.

Sembra ormai fatta per l'Italia ma, due minuti e mezzo dopo i tempi regolamentari, Karl-Heinz Schnellinger, che a quel tempo giocava nel Milan, riesce a pareggiare la gara, segnando il suo primo e unico gol in 47 partite con la nazionale tedesca. E fu proprio grazie a questo suo unico gol che l'incontro non sara' piu' ricordato come una comune partita di calcio.

Al contrario di quello che succede oggi, a quei tempi recuperi di tempo maggiori di 30 secondi/1 minuto erano davvero insoliti; ciò spiega la delusione e lo sconcerto del telecronista Nando Martellini, il quale al fischio finale dei tempi regolamentari pronuncia la seguente frase: *«Due minuti oltre il tempo regolamentare! Un recupero clamoroso concesso dall'arbitro Yamasaki!»*

Il nostro amato telecronista non poteva sapere che proprio quei tempi supplementari, per la grande quantità di emozioni offerte, avrebbero fatto entrare la partita dell'Azteca, e anche la sua bellissima telecronaca, nella storia.

E cosi' dopo soli 4 minuti dall'inizio dei supplementari, arriva il gol di Gerd Müller che si avvantaggia grazie ad un passaggio arretrato errato della nostra difesa.

La gioia e l'euforia dei tedeschi dura poco: dopo pochi minuti, un errore anche da parte della difesa tedesca concede a Tarcisio Burgnich la rete del pareggio su cross di Rivera (suo secondo e ultimo gol in nazionale su un totale di 66 partite). Ma non finisce qui, un minuto prima della fine del primo tempo supplementare, l'Italia riconquista il vantaggio dopo un contropiede micidiale e con una straordinaria azione da solista di Gigi Riva.

Gol bellissimo, tra i piu' belli dell'intero Mondiale, da parte del nostro *Rombo di tuono*, tra i piu' forti e completi attaccanti di tutti i tempi.

Beckenbauer durante quell'azione si lussa la spalla ma, stoicamente, decide di rimanere in campo poiché la Germania aveva già effettuato le 2 sostituzioni consentite dal regolamento dell'epoca. Giocherà i restanti 15 minuti con il braccio destro fasciato lungo il corpo, fino alla fine dei supplementari. Rimarrà un'immagine iconica della partita.

Dopo 5 minuti dal fischio del secondo tempo supplementare incredibilmente la Germania Ovest agguanta di nuovo il pareggio, sfruttando un pallone proveniente da un calcio d'angolo.

Seeler, con un colpo di testa, indirizza il pallone al centro dell'area italiana, facendo la torre per Müller, il quale sfiora e insacca di testa, trovando uno spiraglio tra Rivera, preso in controtempo e piazzato sulla linea di porta, e il palo.

Irripetibili le imprecazioni del portiere Albertosi nei confronti del campione rossonero per non esser riuscito ad evitare la rete.

Ma qui arriva l'ennessimo ribaltone. La nazionale azzurra imbastisce un'azione che coinvolge tutta la squadra: palla appena rimessa in gioco dal centrocampo, 11 passaggi, nessun intervento dei tedeschi e conclusione dello stesso Rivera che, di piatto destro, supera Maier.

Altro gol bellissimo e importantissimo.

Quando si dice il destino: proprio Rivera, colui che si era caricato il senso di colpa per il pareggio tedesco risolve definitivamente la partita.

L'arbitro, anch'egli stremato e forse impressionato dalle tante emozioni, fischia la fine: l'Italia vince 4-3.

In Germania Ovest molti non digerirono bene la sconfitta: dopo il match furono diversi gli episodi di violenza contro gli italiani e molte automobili appartenenti ad essi furono date alle fiamme dai tifosi tedeschi inferociti.

Fu una notte particolarmente complicata per le forze dell'ordine, al punto che, in occasione del successivo scontro tra Italia e Germania Ovest, per la finale del mondiale del 1982, la polizia tedesca si sarebbe organizzata attivandosi ai massimi livelli e con il massimo scrupolo per evitare il ripetersi degli episodi avvenuti nella notte del 17 Giugno 1970.

Dopo 32 anni l'Italia ritorna cosi' in una finale di un Mondiale e, per l'intera notte, in tutte le piazze italiane l'impresa viene festeggiata come se avessimo vinto la coppa, in attesa della finale vera e propria.

Scriverà Antonio Ghirelli: «*L'eco dell'avvenimento fu enorme. In Italia oltre trenta milioni di appassionati rimasero incollati davanti al video, sebbene fosse mezzanotte passata. Molti andarono a coricarsi, sconsolati, quando Schnellinger aprì il fuoco nei tempi supplementari, ma alla rete di Burgnich un urlo lanciato in centinaia di case e l'esito finale della battaglia sportiva spinsero migliaia di appassionati nelle strade e nelle piazze…".*

Mezzo secolo dopo fa un certo effetto rivedere l'intera partita in tv.

È diversa, strana, come tutte le cose del passato che abbiamo ingrandito nella memoria. Intanto tutto è molto lento, con quei passaggi indietro che spezzettano il gioco e che oggi sarebbero improponibili. I pantaloncini sono più corti, i capelli quasi tutti lunghi, ma non stravaganti. I modi di esultare incredibilmente più pacati.

Ora chi segna sembra un tarantolato che si fa seguire dai compagni per tutto il campo. Guarda le telecamere, lancia gesti, minacce, oscure allusioni a chi non ha creduto in lui.

All'epoca, anche nei momenti più concitati, ci si abbracciava qualche secondo, e poi si riprendeva subito.

Anche quando i giocatori si infortunavano c'era mano teatralità, meno sceneggiate.

Il capitano della Germania, Franz Beckebauer, detto il "Kaiser" per l'eleganza con cui si muoveva, dal secondo tempo gioco' con in braccio al collo per una lussazione senza mai lamentarsi o farlo pesare.

Un altro calcio, un altro mondo. Decisamente.

Per alcuni versi migliore. Occorre ammetterlo.

E dire che quel mondiale - per l'ultima volta denominato *Coppa del Mondo Julies Rimet* – presento' diverse novità, quasi rivoluzionarie: e' stato il primo in cui gli arbitri hanno avuto due cartellini colorati da tirare fuori dal taschino: il giallo per l'ammonizione, il rosso per l'espulsione.

La possibilità di fare due sostituzioni per squadra. Poi la tv in mondovisione che permise di seguire l'evento a centinaia di milioni di persone. E un nuovo pallone plastificato che sostitui' la vecchia sfera di cuoio scuro con le cuciture in evidenza. Quei palloni che pesavano quintali soprattutto in caso di pioggia, e Dio solo sa come si riusciva a calciarli così lontano.

Tante cose sono cambiate. I ritmi, il tifo, gli schemi, l'abbigliamento degli allenatori (spesso in giacca e cravatta). Ma di Italia-Germania, dopo quel 4-3, è rimasto quel senso di spartiacque non solo calcistico che dice tutto e a cui non bisogna aggiungere altro.

Noi la Germania, ai mondiali in Spagna del 1982 e a quelli di Berlino 2006, l'abbiamo battuta ancora conquistando entrambe le volte il titolo mondiale.

Cosa che invece nel 1970 (sconfitti poi in finale dal Brasile di Pelè per 4-1) non siamo riusciti a fare. Anzi, dopo la sconfitta coi carioca, gli azzurri furono investiti da valanghe di critiche e accolti con fischi e sberleffi.

Comportamento davvero assurdo e incomprensibile: ecco, forse in questo, negli atteggiamenti altamente emotivi dei tifosi non c'è stata una grande mutazione. Oggi leoni e domani fannulloni miliardari è un refrain sempre attuale.

Per il resto, un calcio senza Var, senza mille inquadrature ravvicinate, senza mille replay, con arbitri meno preparati di adesso.

Meglio o peggio è difficile dirlo. Oggi il calcio è molto più spettacolare, rapido, fisico. Ci sono stati gli olandesi con il loro calcio totale. Ma anche la rivoluzionaria e stupenda Italia di Bearzot 78-82. Noi siamo passati dal "catenaccio" al gioco a zona di Sacchi e dei suoi emuli, dall'Italia di Zoff a quella del Trap fino ad arrivare alla frizzante e bellissima Italia di Mancini fresca Campione d'Europa.

Allora, anche in quell'Italia-Germania perfino le prodezze sembrano fatte al rallentatore, come se qualcuno in regia concedesse quel tempo sospeso dove tutto puoi fare e tutto inventare.

Probabilmente, e' bello pensarlo, proprio per poter godere a pieno di tutte le indescrivibili e irripetibili emozioni della *Partita del secolo.*

Brasile - Italia 4-1

Finale Mondiali Messico 1970

Non sono mai stato un calciatore,
ho sempre giocato a pallone.
Gianni Rivera

21 Giugno 1970
Azteca - Città del Messico
Brasile - Italia 4-1
Reti: 18' Pelé (BRA), 37' Boninsegna (ITA) , 66' Gérson (BRA), 71' Jairzinho (BRA) , 87' Carlos Alberto (BRA).
BRASILE: Félix; Carlos Alberto, Piazza, Brito, Everaldo, Clodoaldo, Gérson, Rivelino, Jairzinho, Tostao, Pelé
Allenatore: Zagalo
ITALIA: Albertosi, Burgnich, Cera, Bertini, Rosato, Facchetti, Domenghini, De Sisti, Mazzola, Boninsegna, Riva. Allenatore: Valcareggi
Arbitro: Glöckner (Germania Ovest)
Spettatori: 108.000

Italia-Brasile per la Coppa Rimet.

Chi vince se l'aggiudica definitivamente.

Nella finale mondiale del 1970 è stata infatti messa in palio per l'ultima volta, poiché, secondo il regolamento, la coppa entra in possesso della prima nazionale che l'avesse vinta per 3 volte, e sia l'Italia che il Brasile avevano vinto due volte a testa il trofeo.

Il Brasile si dimostra subito in grandissima forma finendo prima nel girone, che si disputa a Guadalajara, a punteggio pieno, dopo aver battuto la Cecoslovacchia per 4-1, i grandi maestri inglesi per 1-0 (capitati nello stesso girone poiché all'epoca non venivano applicati i criteri di merito nei sorteggi), e la Romania per 3-2.

E' una squadra fortissima,

L'immenso Brasile dei cinque numeri Dieci.

Una delle squadre piu' forti della storia del calcio.

Noi ci creavamo il problema della coesistenza di Mazzola e Rivera e loro giocavano contemporaneamente con Pele', Rivelino, Tostao, Gerson, Jairzinho. Tutti con il numero dieci sulle spalle nelle loro rispettive squadre di club.

A proposito di numeri 10. Fino ai mondiali del '58 in Svezia il numero 10 nel calcio era un numero qualsiasi: n quel mondiale il Brasile infatti indico' solo l'elenco dei giocatori senza segnare i numeri.

Un funzionario della FIFA guarda Pele' e gli dice:

"Sei tu Edson Arantes Do Nascimento?"

"Sì" Rispose lui.

E gli consegna a caso la maglia numero 10.

Così se fino a quel momento giocare con la numero 10 equivaleva ad un qualsiasi altro numero dopo la prima partita giocata da Pele' la maglia Numero 10 sarebbe diventato il numero del calcio.

E cosi' in futuro sara' il numero scelto da Maradona, Zico, Platini, Antognoni, Baggio, Savicevic, Gullit, Del Piero, Zidane, Messi. Solo per citarne alcuni.

Forse in parte solo Cruijf con la 14 e Cristiano Ronaldo con la 7 hanno provato ad illuminare, in parte, altri numeri.

Da allora il numero 10 rimane il numero del calcio.

In un calcio prevalentemente difensivista, il CT Brasiliano Zagallo, ex ala sinistra campione del mondo del 58, trova cosi' incredibilmente il modo di far coesistere questi cinque giocatori in campo regalando spettacolo ed emozioni.

Nei quarti di finale la Seleção stende il Perù con un 4-2 in una partita complicata, e nella semifinale contro gli uruguayani recupera l'incontro da 0-1 vincendo per 3-1 in rimonta.

L'Italia, data per sfavorita alla vigilia del mondiale, era stata sorteggiata nel girone con Uruguay, Svezia e Israele.

Nella prima giornata sia l'Uruguay (2-0 su Israele) che l'Italia (1-0 sulla Svezia) vinsero i loro incontri. Nella seconda giornata ci furono invece due pareggi.

Le squadre del girone erano ancora tutte in lizza per la qualificazione, ma gli uruguayani persero 1-0 con gli scandinavi, e gli italiani pareggiarono 0-0, stavolta contro Israele.

In base a questi risultati l'Italia si era qualificata come prima, mentre l'Uruguay era passata come seconda grazie alla miglior differenza reti sulla Svezia. Nei quarti, a Toluca, il Messico, che era passato in vantaggio in avvio di partita, viene sconfitto per 4-1 dall'Italia, ma la partita più dura e stancante per gli italiani fu senza dubbio la fantastica semifinale contro la Germania Ovest appena vista.

Si arriva, dunque, alla finale con gli azzurri che non partono come favoriti, anche a causa della stanchezza accumulata nella semifinale durata oltre i tempi regolamentari, e con i verdeoro favoriti non solo dal punto di vista della freschezza fisica, ma anche per il clima caldo tropicale al quale loro sono abituati.

La partita viene fissata a mezzogiorno del 21 Giugno nello stadio Azteca, orario in cui il sole picchia duro sulla testa e sulle energie dei giocatori.

Al fischio d'inizio il Brasile parte, come suo solito, all'attacco e va in rete dopo 18 minuti: rimessa laterale di Tostão nel lato sinistro della trequarti italiana, il brasiliano serve Rivelino che crossa di prima, per evitare l'anticipo della difesa, e con un grandissimo colpo di testa Pelé segna, anticipando Burgnich.

Gol iconico: l'immagine della Perla Nera che sovrasta Burnich fara' il giro del mondo e rimarra' imperitura tra le immagini simbolo del calcio di tutti i tempi.

L'Italia prova a reagire e al minuto 37 riesce meritatamente ad agganciare il pareggio: Burgnich spazza il pallone dalla propria area e lo spedisce dalle parti della difesa brasiliana, che va in difficoltà sotto il pressing degli attaccanti italiani e arriva il gol grazie a Roberto Boninsegna che per segnare anticipa anche Riva oltre ai difensori avversari.

L'Italia coltiva ancora qualche lieve speranza di poter resistere fino alla fine ma nel secondo tempo il Brasile fa sua la partita. L'Italia sempre più chiusa in difesa, con le energie psicofisiche ormai al lumicino, lascia giocare i brasiliani che al 66' minuto trovano nuovamente il vantaggio: dopo un'azione elaborata, Jairzinho, quasi al limite dell'area, prova a dribblare Facchetti che però lo ferma, il pallone arriva tra i piedi di Gérson che anticipa due italiani e segna dalla distanza il 2-1.

Il Brasile sull'onda dell'entusiasmo inizia ad addormentare la partita, sfianca l'Italia e trova il 3-1: punizione a centrocampo battuta da Everaldo per Gérson, questo esegue un cross dalla distanza per Pelé che fa da torre per Jairzinho, il quale deve solo accompagnare il pallone nella porta italiana.

Con un'Italia ormai ferma il Brasile trova anche il 4-1 finale: ancora una volta Pelé, dopo una splendida azione corale dei verdeoro, riceve palla sulla trequarti, scarica il pallone verso la fascia sinistra, sulla corsa di Carlos Alberto che segna con un grande diagonale.

Il trofeo Rimet e' definitivamente nelle mani del Brasile.

Una delle squadre piu' tecniche e spettacolari di tutti i tempi.

Certo, l'Italia fece il massimo possibile e il Brasile era sicuramente più forte: ma forse, senza la semifinale contro la Germania, e soprattutto senza la sciagurata nottata precedente alla partita con i giocatori italiani costretti a preparare i bagagli per la partenza immediata del giorno dopo, il risultato sarebbe potuto essere diverso.

Ma questo non lo sapremo mai.

Germania Ovest – Olanda 2-1
Finale Mondiali Germania 1974

Il calcio è semplice, ma è difficile giocare semplice
Johan Cruyff

7 Luglio 1974
Olympiastadion - Monaco di Baviera
Germania Ovest - Olanda 2-1
Reti: 2' rig. Neeskens (OLA), 26' rig. Breitner (GER), 44' Müller (GER)
Germania Ovest: Maier; Vogts, Beckenbauer, Schwarzenbeck, Breitner, Hoeness, Bonhof, Overath, Grabowski, Müller, Holzenbein.
Allenatore: Schoen
Olanda: Jongbloed; Suurbier, Rijsbergen, Haan, Krol, Jansen, Neeskens, Van Hanegem, Rep, Cruijff, Rensenbrink
Allenatore: Michels
Arbitro: Taylor (Inghilterra)
Spettatori: 80.000

È la finale del Mondiale tedesco del 1974.

Lo scontro fra la sempre presente nazionale della Germania Ovest e la nuova nazionale olandese del calcio totale guidata da Johan Crujiff.

Il teatro di questo scontro epico è l'Olympiastadion di Berlino davanti a quasi 80.000 persone, pronte a festeggiare l'ennesimo trionfo calcistico della Nazionale teutonica.

Di fronte però ci sono i ragazzi olandesi, i nuovi profeti del Calcio Totale. Tecnica, corsa, partecipazione al gioco di squadra, superamento della specializzazione dei ruoli, rivoluzione del gioco e, soprattutto, uno dei più forti giocatori della storia del calcio: Johan Crujiff.

Lo spettacolo proposto dagli olandesi nelle partite precedenti aveva davvero intimorito l'opinione pubblica tedesca, per i risultati e per il gioco scintillante espresso, tanto da far perdere la loro classica sicurezza e sensazione di superiorità.

Alcuni quotidiani il giorno della partita titolavano: "Gli olandesi ci spiegheranno il calcio?"

La Fifa, nei giorni precedenti, decise di far arbitrare la sfida all'inglese Jack Taylor. La scelta creò molto fastidio in Germania visti i precedenti con la nazionale inglese. Tuttavia, l'arbitro si rivelera' all'altezza della situazione.

Arriva il fischio d'inizio e come da previsione l'Olanda inizia subito a mostrare al mondo il suo calcio spettacolare che ubriaca gli avversari senza dare alcun punto di riferimento.

Dopo appena 2 minuti dal fischio d'inizio, senza che i tedeschi sfiorino nemmeno il pallone, e dopo una serie di passaggi precisi, Cruijff con uno dei suoi numeri si porta in area e, dopo una finta, viene steso: rigore.

Sul dischetto si porta Neeskens che con la sua solita freddezza spiazza il portiere tedesco.

Dopo 3 minuti la Germania è già sotto.

A quel punto, molti pensano che la partita possa davvero finire in una disfatta e con una goleada olandese.

Molti, ma non i tedeschi; che si compattano e iniziano a rispondere colpo su colpo. Qui vi e' un po' di responsabilità degli Orange, che, credendo di avere gia' in mano la partita, iniziano, anche se solo inconsciamente, a sottovalutare l'avversario.

Arrivano occasioni da entrambi le parti fino a quando al minuto 25' Holzenbein viene atterrato in area: altro rigore, stavolta per la Germania.

Sul dischetto si presenta Breitner: palla all'angolino e 1-1.

Il gol del pareggio sblocca i tedeschi che iniziano a diventare padroni del campo annientando ogni velleità di "calcio totale" degli olandesi.

Molte sono le occasioni da gol, il protagonista del match diventa il portiere Jongbloed che appare quasi insuperabile.

Allora, a togliere le castagne dal fuoco è manco a dirlo Gerd Muller che, con uno dei suoi classici gol di rapina insacca alle spalle del portiere olandese al minuto 43'.

Il secondo tempo, nonostante non vedrà gol segnati, è forse uno dei più spettacolari di sempre.

L'Olanda, vogliosa di recuperare si butta all'attacco dando vita ad azioni incredibili alle quali però manca la finalizzazione.

Di contro, la Germania, visti i tanti spazi lasciati dalla difesa Orange, parte in contropiede con notevole rapidità. Nessuno segna, c'è un gol annullato a Muller e qualche rigore dubbio non fischiato.

La partita finisce 2 a 1 e la Germania per la seconda volta si laurea Campione del Mondo.

Inoltre i tedeschi in quel momento sono anche campioni d'Europa in carica avendo vinto gli europei del '72: fatto unico fino ad allora, uguagliati solo successivamente da Francia e Spagna con le accoppiate Europei-Mondiali rispettivamente del 1998/2000 e 2008/2010.

Per i valori assoluti l'Olanda avrebbe probabilmente meritato la vittoria (peraltro certamente non usurpata da una fortissima Germania), ma la sventatezza tattica evidenziata contribuì in parte a negare.

La zona dell'Olanda di Michels si basava su un modulo altamente spettacolare. Caratteristiche tecniche universali in pressoché tutti gli uomini, classe superiore alla media e vigore fisico straripante erano alla base di un calcio tanto bello quanto, purtroppo alla prova dei fatti, povero di risultati: se i club raccolsero moltissimo, la Nazionale arancione non andò oltre due secondi posti consecutivi alle rassegne mondiali.

Qui sta il difetto di fondo di quel grande ciclo, costruito attorno a un nucleo di campioni decisi in campo a divertirsi e divertire. Più che a vincere.

Ma cio' che resta negli annali e' solo la vittoria.

E cosi' come la grandissima Ungheria del 1954 o la Cecoslovacchia del 1962, anche la grande Olanda 74/78 rimane solo nella memoria collettiva, ma senza allori.

I continui interscambi e la velocità di esecuzione fecero parlare di "gioco totale".

Ma la magia stava soprattutto nella qualità degli interpreti, e già quattro anni dopo, in Argentina, l'assenza di sua maestà

Cruijff si rivelo' sufficiente a limare di molto i picchi spettacolari della squadra.

In cui, spariti di scena i vecchi campioni, le vocazioni totali finirono con lo scadere a pure velleità.

Italia - Brasile 3-2

Mondiali Spagna 1982

Sarà una festa da ricordare, della quale ancora parleranno quando saranno trascorsi molti anni e i suoi principali protagonisti saranno ormai solo nomi legati alla mitologia del calcio.
Mario Vargas Llosa

5 Luglio 1982 ore 17:15
Barcellona - Estadio Sarria'
ITALIA-BRASILE 3-2
Reti: 5' Rossi, 12' Socrates, 25' Rossi, 68' Falcão, 74' Rossi.
Italia: Zoff, Gentile, Cabrini, Oriali, Collovati (34' Bergomi), Scirea, Conti, Tardelli (75' Marini), Rossi, Antognoni, Graziani. Ct: Bearzot.
Brasile: Valdir Peres, Leandro, Junior, Cerezo, Oscar, Luisinho, Socrates, Falcão, Serginho (69' Paulo Isidoro), Zico, Eder. Ct: Telé Santana.
Arbitro: Klein (Israele)
Spettatori: 44.000

Ed eccoci alla "Partita delle partite". Quella che piu' di ogni altra ha sancito la fine di un'era, non solo sportiva, e l'inizio di un'altra. Quella che il "Time" ha definito "La partita piu' bella di sempre". Nel Mondiale forse piu' bello di sempre. Ed io sono d'accordo.

Con una sceneggiatura a dir poco perfetta.

Come ha sottolineato argutamente Trellini nel suo splendido libro tutto dedicato a Italia-Brasile[2]:

La partita si tenne in uno stadio scalcinato, un catino bollente, ora scomparso, di nome Sarriá, in piena guerra fredda, nell'estate più calda del secolo, durante i campionati del mondo più belli di sempre (perfettamente incastrati tra i due boicottaggi: degli Stati Uniti alle Olimpiadi di Mosca del 1980 e dell'Unione Sovietica a quelle di Los Angeles del 1984), dei quali è stata l'epicentro della bellezza. Talmente calibrata da possedere la medesima struttura in cinque atti di una pellicola cinematografica: evento scatenante (1-0), complicazioni progressive (1-1 e 2-1), crisi (2-2), climax (3-2), risoluzione (il gol annullato, la parata finale, l'epilogo). È una sceneggiatura di ferro. Un film impeccabile.

Uno dei più grandi, avvincenti ed emozionanti incontri di calcio di tutti i tempi. Dei Mondiali sicuramente il piu' entusiasmante: Italia – Brasile giocata allo Stadio di Sarriá, a Barcellona, il 5 luglio 1982.

Chi scrive aveva dodici anni quel giorno. L'eta' giusta per respirare passione ed essere affamati di miti.

La nazionale brasiliana si presentò al Mondiale come grande favorita alla vittoria finale, grazie a una squadra piena di talenti indiscussi e in virtu' di un premondiale a dir poco galattico, in cui aveva sconfitto tutte le migliori nazionali europee.

---

[2] - *La Partita* Piero Trellini – Mondadori 2019

Il commissario tecnico verdeoro, Telê Santana, predilige un gioco decisamente offensivo e dinamico, che la stampa ha soprannominato *futebol bailado.* Tale stile di gioco e' espressione del modo di vedere e intendere il calcio, e non solo, in Brasile, dove viene spesso criticato l'atteggiamento tattico difensivista di molte squadre europee.

I brasiliani conclusero il primo girone della coppa in grandissima forma e a punteggio pieno, vincendo 3 partite su 3. Il grande inizio del Brasile fu elogiato dalla stampa di tutto il mondo per il livello di gioco mostrato dalla squadra, per le giocate e i fuoriclasse presenti nella compagine verdeoro.

La nazionale italiana, al contrario di quella brasiliana, si presentò al mondiale dopo un'annata spenta e senza grandi aspettative da parte della stampa e del pubblico.

Il calcio italiano, oltretutto, era ancora scosso dello scandalo calcioscommesse del 1980 che aveva coinvolto numerosi giocatori, dirigenti e società di Serie A e B, e che aveva causato, peraltro ingiustamente, l'allontanamento dai campi di calcio per squalifica del nostro campione piu' celebrato: Paolo Rossi.

Nonostante ciò viene convocato lo stesso dal CT Enzo Bearzot, in una dimostrazione di fiducia illimitata che ha del commovente. Scelta che suscitera' non poche polemiche.

A farne le spese fu infatti Roberto Pruzzo, appena laureatosi capocannoniere della Serie A e non convocato.

L'Italia disputa una fase iniziale del Mondiale abbastanza opaca e titubante, collezionando 3 pareggi: 0-0 contro la Polonia e 1-1, sia con il Perù che col Camerun.

Arriva seconda nel proprio girone riuscendo a qualificarsi per il turno successivo solo grazie alla differenza reti nei confronti dei camerunesi.

Rossi, come prevedibile, si era trovato in difficoltà nelle prime partite, mostrandosi isolato dal gioco e ancora non in perfetta forma fisico-atletica.

Malgrado ciò Bearzot continua a schierarlo come titolare.

Scelta illuminata che fortunatamente si rivelerà provvidenziale per le sorti del nostro Mondiale.

E cosi', al secondo turno, l'Italia e' insieme alle due squadre piu' forti e temute: lo scintillante Brasile e i Campioni del mondo in carica dell' Argentina con Maradona, in un girone a tre, nel quale solo la prima si qualifica per le semifinali.

L'Italia, nella prima partita contro gli argentini, giocata il 29 giugno al Sarriá, disputa improvvisamente un'ottima prestazione. Si impone per 2-1 con i gol di Tardelli e Cabrini riuscendo ad annullare l'avversario più pericoloso, Maradona, marcato stretto da Gentile.

Anche il Brasile sconfigge l'Argentina, ma per 3-1, e quindi, dopo le prime due partite, la classifica e' la seguente: Italia e Brasile prime con due punti e l'Argentina, ormai eliminata, con zero punti.

Si deve disputare solo Italia-Brasile, con i sudamericani che possono pero' giocare col favore del doppio risultato, vittoria o pareggio, avendo un gol in più nella differenza reti.

Alle ore 17 del 5 Luglio 1982, Italia e Brasile si ritrovano cosi' a giocarsi la semifinale Mondiale in 90 minuti.

La partita rimarra' indissolubilmente legata alla figura di Pablito Paolo Rossi. Tra i nostri attaccanti piu' forti di sempre. E nella tragica occasione della sua prematura scomparsa, avvenuta improvvisamente nel Dicembre 2020, il Presidente della Federcalcio italiana Gravina ci regala una lettera bellissima e struggente a lui dedicata. La faccio mia, e idealmente la dedichiamo tutti al grande Paolo Rossi e un po' anche a noi stessi, per quello che il grande campione ha rappresentato e per le emozioni indelebili che ci ha lasciato. Eccola:

"È come se Paolo Rossi si fosse portato via il pallone.

E con lui, pure, un pezzo d'Italia. Quella messa in circolo davanti al televisore per le partite della Nazionale, quella che le emozioni non le condivideva sui social, ma con gli abbracci dopo ogni suo gol. L'Italia in finestra, quella popolare e con la bandiera a sventolare fuori dai finestrini e i clacson a raccontare la felicità per quelle vittorie – una dopo l'altra – passate alla storia.

È come se Paolo Rossi si fosse portato via l'estate.

Degli amori e delle pallonate, delle tovaglie a quadri delle nonne e delle corse a casa per vedere quelle partite che iniziavano nel primo pomeriggio e che, per certi aspetti, non sono mai finite. Perché nessuno, mai, le dimenticherà. Come gli occhi, lucidi, del parente o dell'amico che avevi accanto il giorno che Pablito gliene fece tre al Brasile e la R di replay lampeggiava sullo schermo al ritmo del cuore di milioni di telespettatori, persone, italiani.

È come se Paolo Rossi si fosse portato via gli anni Ottanta.

Di televisori in bianco e in nero, mangianastri, robot, borselli e vacanze lunghe vissute tutti insieme sotto lo stesso ombrellone, in modo corale come quel mondiale: il Mondiale. Di pareggi, critiche e rinascita. Di classe e marcature a uomo, palleggio e contropiede, gregari e protagonisti assoluti, autentici. L'Italia di Gaetano Scirea, Dino Zoff e tutti gli altri. L'Italia di Sandro Pertini che si alza in piedi e chi se ne frega della forma, gol! L'Italia senza stereotipi e che non è scritto da nessuna parte che i sogni debbano per forza andare in fumo. Se non quello della pipa di un allenatore, solo apparentemente con il broncio, ma con la squadra tutta dalla sua parte.

Paolo Rossi – improvvisamente come uno dei suoi gol – s'è portato via tutto questo.

Ma nella fretta, perché i veri cannonieri le cose le fanno sempre molto rapidamente, una cosa se l'è dimenticata, ce l'ha lasciata: la memoria. Di quell'estate azzurra, così fantastica grazie ai gol di uomo semplice che ricorderemo – per sempre – con le braccia al cielo, il sorriso sulle labbra e il tricolore sul cuore.

Paolo Rossi! Paolo Rossi! Paolo Rossi".

Ma perché Italia-Brasile è stata una delle più grandi partite di calcio di sempre? Presto detto.

La squadra brasiliana che giunse in Spagna per la Coppa del Mondo del 1982 era una specie di *Avengers* delle squadre di calcio: verosimilmente, il più grande assemblaggio di talenti individuali che si fosse mai visto fino ad allora e che avesse mai reso grazia a un campo da torneo. Zico, Socrates, Falcao, Junior, Eder, Cerezo: tutti numeri dieci nelle loro rispettive squadre. E tutti insieme nella stessa formazione.

Quando giocò contro l'Italia si trattò di uno scontro di stili che diede vita alla più grande partita della storia della

Coppa del Mondo: audacia e bizzarria opposte a classe, cautela e astuzia. Il calcio non sarebbe mai più stato lo stesso, e fu una partita che cambiò la vita anche a molti di noi che la guardammo.

Un aquilone fluttua in modo irregolare nell'aria cocente e densa di quel pomeriggio. Il suo corpo è verde, con una treccia di fiocchi gialli trascinata dietro, e mentre oscilla fendendo il cielo cobalto, oltre una sporadica nuvola, richiama alla mente la bandiera brasiliana, ciò che esattamente intende evocare.

Trenta metri al di sotto dell'aquilone si erge la Seleção – letteralmente "la Selezione": la nazionale del Brasile, i calciatori prescelti dal Dio amante del bel calcio. Si sono soltanto mossi dallo spogliatoio per oltrepassare il bordocampo che già il sudore sgorga ovunque sul pettorale delle loro maglie dorate.

Il mercurio, quel pomeriggio, si è gonfiato fin oltre i trentacinque gradi a Barcellona e all'interno dell'Estadio Sarrià dell'Espanyol, destinato a 44.000 spettatori, almeno 50.000 si sono assiepati, sventolandosi e facendosi aria con il programma delle partite per evitare di perdere i sensi.

I brasiliani sono allineati per gli inni, tutti fieramente concentrati a cantare la canzone dell'identita' nazionale. Ecco Leandro, la pelata di Valdir Peres, la sagoma mastodontica di Serginho.

All'altra estremità c'è Falcão, occhi azzurri e riccioli biondi, dall'aspetto allo stesso tempo giovane e vecchio, come un personaggio di Charles Schulz. È un *estrangeiro* o "straniero", uno dei due soli giocatori della squadra che si guadagna da vivere fuori dal Brasile.

Alla Roma, in Italia, è il calciatore più pagato del mondo, ma ha trovato posto in squadra nella Selecao solo a causa della squalifica di Toninho Cerezo per la prima partita dei mondiali, rendendosi poi insostituibile.

Accanto a lui c'è il genio Zico. È cresciuto giocando a futsal, il calcio a cinque indoor locale in cui la pesante palla schizza ferocemente da tutte le parti, e la sua tecnica, visione e abilità sono impareggiabili da chiunque nella Coppa del Mondo, a parte Diego Maradona.

Éder, l'ala, è il testimonial di uno shampoo fatto persona. Sul campo, o sta fermo o passeggia, tranne quando c'è da battere un calcio di punizione o quando inizia una delle sue lunghissime rincorse. Giocatore dal tiro micidiale.

Cerezo è il figlio adottivo di un clown del circo, "ma la somiglianza finisce qui: è considerato uno dei giocatori più talentuosi del Brasile". A chiudere la linea c'è il capitano Sócrates, conosciuto a casa come O Doutor, "il Dottore". Nonostante la sua reale formazione medica, è stato uomo da due pacchetti di sigarette al giorno fin da tredicenne, oltre ad avere grande passione per il bicchiere. Sarebbe morto nel 2011, all'età di 57 anni, per un'infezione intestinale. Ha piedi piccoli e gambe affusolate, e i suoi scintillanti pantaloncini gli aderiscono eccessivamente. Uno dei piu' completi e raffinati centrocampisti della sua generazione. Con il suo futbol lento ma elegante, impreziosito da imprevedibili colpi di tacco, il dottor Socrates è stato forse il simbolo estetico di quella nazionale, secondo qualcuno la più bella della storia del calcio brasiliano, ma condannata a non vincere nulla per eccesso di leziosità.

Per il Brasile quel pomeriggio la squadra sparring e' l'Italia. Gli Azzurri indossano splendenti giacche Le Coq Sportif bianche a bordi blu e allenatore e staff li osservano in raffinati completi gessati e occhiali da sole da aviatore.

I giocatori sono un affascinante manipolo di ragazzi dalla carnagione scura, eppure piuttosto indistinguibili rispetto al mix brasiliano di lungagnoni e bassi, capelloni e stempiati, bianchi e neri. Solo due sono immediatamente riconoscibili: la vecchia quercia Dino Zoff, l'uomo tra i pali dell'Italia, e il numero 20 dall'inconfondibile viso scavato, Paolo Rossi, il quale è un furetto, gli occhi che gli saettano come a un attore in scena a teatro. Rossi è tornato a giocare a calcio da appena due mesi, dopo una squalifica di due anni per il calcio-scommesse, e finora nel torneo è apparso estremamente arrugginito.

Mentre Sócrates e Zoff si scambiano i gagliardetti, divisi dall'arbitro israeliano Abraham Klein, nessuno ha bisogno che venga ricordato loro per cosa si gioca: se una delle due squadre vince avrà posto in semifinale contro la Polonia; se è un pareggio il Brasile va avanti grazie alla differenza reti. Finiti i convenevoli, Klein spedisce i suoi guardalinee, Chan Tam Sun da Hong Kong e Bogdan Dočev dalla Bulgaria, a sgombrare il campo dai detriti: stelle filanti, bengala e palloncini vengono bellamente portati fuori dal perimetro.

Finalmente alle 17:15 del 5 luglio 1982, Serginho tocca la palla per Zico e la più grande partita della storia della Coppa del Mondo ha inizio.

Niente è così reale, vitale e visceralmente essenziale come le grandi esperienze formative di quando si è bambini e ragazzini. Ricordo ancora a memoria ogni singolo dettaglio della partita, il caldo opprimente, le esaltazioni e le temporanee delusioni.

Avevo dodici anni appena compiuti durante quei i mondiali, così potei dedicare a loro tutta la mia passione.

A differenza del '78 e dell'"86, si giocò in Europa, quindi tutte le partite si svolsero in orari conviviali.

Quando non si giocavano partite, c'erano gli album Panini da riempire, annuari del calcio da consultare, tutto mentre Battiato con la sua "Voce del Padrone" suonava a rotazione infinita. Il calcio non sarà mai più così esotico: la rete rettangolare della porta piantata come una stravagante tenda; il Tango España dell'Adidas, l'ultimo pallone in cuoio della Coppa del Mondo, molto meno monotono di quei macigni di Mitre Ultra a cui eravamo abituati.

Nel maggio del 1981, la Seleção aveva l'Inghilterra, la Francia e la Germania Ovest fuori casa, il tutto in meno di una settimana. Nella Coppa Intercontinentale a dicembre, sei mesi prima della Coppa del Mondo, il Liverpool, campione d'Europa, giocò con gli omologhi sudamericani, i brasiliani del Flamengo.

Quel Liverpool di Souness, Hansen e Dalglish era carogna, perfido e implacabile, e aveva vinto la Coppa dei Campioni tre volte negli ultimi cinque anni. Davanti a 62.000 spettatori allo Stadio Nazionale di Tokyo, tuttavia, fu condotto al patibolo dai talenti brasiliani.

Souness corse a destra e a manca sull'erba riarsa cercando di prendere a calci Zico, regista del Flamengo, ma non riuscì ad avvicinarsi. Dopo 41 minuti, il Liverpool era sotto 3-0, il tutto orchestrato da Zico, e così andò a finire.

Alla Coppa del Mondo del 1982 la concorrenza nel Brasile dovette far fronte alla desolante prospettiva che solo tre della compagine del Flamengo fossero considerati degni di entrare in squadra. Contro un'Unione Sovietica confusionaria la Seleção iniziò steccando, andando sotto 1-0 dopo una papera del portiere. Ma, a un quarto d'ora dalla fine, Sócrates eluse due difensori, facendo partire un bolide da 20 metri; poi, 10 minuti dopo, Éder segnò un gol ancora più bello, palleggiando con un piede prima di calciare la palla nell'angolino con l'altro.

Quattro giorni dopo il Brasile giocò contro la Scozia affrontando ancora una volta il trio del Liverpool: Souness, Hansen e Dalglish. Anche in questo caso il Brasile andò sotto di una rete, ma stavolta rispose con quattro segnature: il calcio di punizione di Zico seguito con lo sguardo da tutti, immobili sul campo, incluso il portiere della Scozia Alan Rough, fu la ciliegina. Il Brasile ne fece quattro anche alla Nuova Zelanda, e segnò tre volte contro l'Argentina campione del mondo, con un Maradona così frustrato da essere espulso per un violento pestone.

Questa era, senza dubbio, la squadra brasiliana più inarrestabile dal 1970, e molto probabilmente i suoi giocatori erano ancora più talentuosi e incontenibili.

Di norma, i telecronisti notavano come rimanessero indifferenti nel concedere gol alle squadre avversarie, poiché confidavano sempre di segnarne uno in più. In effetti, giocavano come se fossero ignari dell'esistenza di un antagonista: non variavano mai le loro tattiche; semplicemente si riversavano in avanti come onde non arginabili; la loro lampante convinzione morale, intellettuale ed estetica rendeva quasi insignificante difendere il punteggio.

Al contrario, l'Italia era l'antitesi del Brasile.

Gli azzurri non avevano impressionato molto in Spagna: nella fase d'apertura a gironi, pareggiarono le partite contro Polonia, Perù e Camerun, ed erano andati avanti solo perché avevano segnato un gol in più di quest'ultimo. Nessuno, con molto senno, dava loro una speranza.

La squadra brasiliana del 1982 aveva comunque dei difetti, ed essi erano di portata lampante anche per un ragazzino di dodici anni. A partire dalle retrovie, il loro portiere, Waldir Peres, era d'affidabilità imprevedibile.

Ricordava l'attore Robert Duvall e si comportava come qualcuno che passasse di lì per caso, come se tutti i giocatori avessero accettato di fare il portiere volante, ma nessuno stesse rispettando in quel momento il proprio turno.

I terzini, Leandro sulla destra e Júnior sulla sinistra, eccellevano nelle sortite in avanti, ma vedevano la fase difensiva con l'entusiasmo di un adolescente costretto a riordinare la stanza. Questo lasciava spesso il centro arretrato in inferiorità numerica. Davanti, Serginho era un oggetto contundente in una squadra di bisturi. Inoltre a nessuno piaceva troppo giocare a destra, pertanto nessuno ci stava, e tutta la squadra aveva la tendenza a iniziare le partite sbilanciata.

Tutte queste debolezze vengono evidenziate nel primo tempo della partita con l'Italia.

I verdeoro battono il calcio d'inizio e partono subito all'attacco, ma dopo soli cinque minuti di gioco, Cabrini riceve un passaggio da Conti e con un cross lungo serve

Rossi che indirizza un bellissimo colpo di testa alle spalle di Peres. 1-0 per lgli Azzurri. Fantastico.

I primi dieci minuti dell'Italia sono stratosferici: il Brasile non la vede quasi mai. Sembra tutto troppo facile.

Ma e' pur sempre il Brasile.

Infatti subito batte un colpo: e l'occasione capita a Serginho. Dopo una serie di rimpalli fortunosi si ritrova davanti alla porta, a 9 metri di distanza, con solo Zoff da battere. Strozza il colpo in modo incredibile, mancando un gol praticamente fatto. Richiama alla mente l'analisi impietosa di João Saldanha, ex allenatore della Seleção, dopo che Serginho fu sostituito contro la Nuova Zelanda: "Ora la palla è di nuovo rotonda."

Il Brasile viene salvato, come sempre, dal suo centrocampo: favoloso, geniale, dirompente. Il sistema era condotto da due *Méia-Armador*, o registi di contenimento: Cerezo e Falcão. A sua volta si proponeva una coppia di *Meia-Atacante,* centrocampisti d'attacco: Sócrates e Zico. A Éder era permesso girovagare, giocando come falso nove, un centravanti arretrato per lo più a sinistra, dietro Serginho. Quando funzionava, fece notare una volta Zico, i giocatori si muovevano perpetuamente in circolo, non assumendo mai una posizione fissa. Per Sócrates, "confondeva gli avversari" e aveva "un'insolita forza strutturale".

Aggiungiamoci Junior che poi in Italia si sarebbe rivelato regista sopraffino, in quella squadra pur di giocare, faceva il terzino fluidificante

Allo stesso tempo in cui l'Inghilterra era impegnata nella ricerca spirituale della possibilità o meno di includere un giocatore di prestigio – Glenn Hoddle – il Brasile accoglieva cinque fantasisti, non uno, ma cinque.

Dopo 12 minuti all'Estadio Sarrià ecco il lampo.

Sócrates raccoglie la palla nella sua metà campo e si riversa in avanti. La passa a Zico, che la fa filtrare attraverso la difesa italiana con l'esterno dello scarponcino. Sócrates mette il turbo e fulmina Zoff sul primo palo. Un uomo noto per le sue idee di sinistra celebra con il pugno alzato, il suo marchio di fabbrica in omaggio alle Black Panthers. Uno pari, l'ordine è ripristinato. La risposta dell'Italia all'insondabile formazione d'attacco del Brasile è il *Gioco all'Italiana* evoluto dal grande *Vecio* Enzo Bearzot, con interscambi di ruoli e capacita' di adattamento.

I difensori proteggono la loro zona con ruvidità, e Gaetano Scirea, tra i piu' forti liberi della storia del calcio, spazia dietro di loro. Zico, in particolare, è sottoposto ad una particolare attenzione; la sua maglietta viene letteralmente strappata nel primo tempo dalla marcatura a uomo di Claudio Gentile, che perlomeno avrebbe dovuto invitarlo prima al cinema o a cena.

I brasiliani sono avvezzi a tempo e spazio, ma per la prima volta nel torneo, gli italiani glieli negano. I fantasisti si innervosiscono e gli errori si sprecano. Dopo 25 minuti, Cerezo sbatacchia un pigro passaggio di fronte alla sua area, Rossi si infila dentro e dal limite fa passare una bordata fra le mani di Peres: 2-1. E' sorpresa e giubilo in tutt'Italia. Si inizia ad avvertire un piacevole destino favorevole per noi, con Pablito che e' definitivamente risorto dalle sue ceneri.

Ed è così che si va avanti fino all'intervallo: non c'è dubbio, il Brasile sta giochicchiando e inizia a soffrire sul serio.

All'Estadio Sarrià, i giocatori covano qualche sospetto che quella fosse più che una partita. Nell'intervallo nello spogliatoio verdeoro Cerezo – colpevole per il secondo gol italiano – singhiozza istericamente. Sócrates fa del suo meglio per consolarlo e ispirare il resto della squadra.

Hanno ancora 45 minuti per salvare la loro Coppa del Mondo.

Il sole si sta inabissando dietro gli spalti in cemento, la temperatura è calata di un niente, fa ancora caldissimo, e il Brasile inizia brillantemente il secondo tempo.

Falcão calcia largo dal vertice dell'area e il terzino destro Leandro tenta la fortuna da lunga distanza. Cerezo corre in giro come un matto, come deciso a espiare da solo il suo errore. Ma gli Azzurri, mai come questa volta lucidi e con i nervi saldi, si rendono pericolosi in contropiede.

Rossi cade in area e i suoi occhi da cerbiatto si rivolgono ad Abraham Klein per supplicare un rigore. Poi, dopo un'ora, lo stesso giocatore si ritrova uno-contro-uno di fronte a Peres, ma il piatto destro è largo. Gentile ingabbia Zico così efficacemente da fargli dimenticare che sia in campo. La presenza di Zico è ancora, in ogni caso, un dato di fatto e dopo 68 minuti crea lo spazio in cui Falcão si fionda. Falcão finta a destra e poi sposta la palla dall'altra parte, e spara un sinistro alle spalle di Zoff dal limite dell'area. È una rete speciale, ma la celebrazione lo è ancora di più, mentre si volta e corre diritto verso la telecamera, la faccia come un peperone, le vene che gli pulsano come a un culturista da competizione. Eccolo Falcão, sull'orlo del collasso, dopo aver segnato il 2-2 che avrebbe significato semifinale.

Il Brasile deve tenere duro soltanto altri venti minuti e Santana sostituisce immediatamente Serginho con un centrocampista, Paulo Isidoro. Ma il messaggio non viene recepito e i giocatori continuano a spingersi in avanti, tranquillamente come se stessero giocando un'amichevole di esibizione. Zico calcia alto e largo, ed Éder è respinto dall'estremo difensore italiano. Cosi' si arriva al 74' in cui la difesa brasiliana concede maldestramente un angolo; il Brasile presidia l'area con tutti gli undici giocatori, per tenere al sicuro il pareggio, ma non fanno che sortire l'effetto contrario.

Quando Marco Tardelli calcia dal limite dell'area, Júnior sta tenendo in gioco due attaccanti italiani e per Paolo Rossi è come andare a nozze: gol!. È la sua tripletta, e' il suo ingresso imperituro nella storia del calcio e nella storia d'Italia.

L'Italia è in vantaggio per la terza volta. L'ultimo quarto d'ora è frenesia e disperazione per il Brasile.

I verdeoro provano il tutto per tutto per trovare il pareggio. A pochi minuti dal termine l'Italia si vede annullare il 4-2 di Antognoni per un fuorigioco inesistente e, proprio verso lo scadere, un colpo di testa di Oscar pericolosissimo e da distanza ravvicinata viene fermato da un'altra eccezionale parata di Zoff, che riesce ad inchiodare sul terreno il pallone a pochi centimetri dalla linea di porta.

Ancora oggi questa è considerata dagli italiani, insieme a quella di Buffon su Zidane nella finale mondiale del 2006, la parata piu' bella e importante di sempre.

La parata della vita per il portierone friulano e per noi tutti davanti alle tv. E' fatta. I brasiliani protestano, ma in modo vano e poco convincente; perdere è così inaspettato che non hanno alcuna esperienza nel nascondere la loro disperazione. Nelle cinque fasi del dolore, come previsto in psicologia, il Brasile è attualmente alla numero tre: la negoziazione. Sono passati attraverso la negazione e la rabbia – depressione e accettazione li stanno ancora aspettando – e possono solo braccare l'arbitro, implorandolo per una seconda possibilità.

Al fischio finale l'Italia vola in semifinale, e improvvisamente ci si trova di fronte sia il putiferio più chiassoso che si sia mai sentito, che il più scioccante ed epico dei silenzi.

Questa vittoria sul Brasile da' grinta e forza agli Azzurri, che, da sottovalutata del girone, si ritrova improvvisamente favorita per la vittoria della coppa (che avverrà sei giorni dopo).

Rossi e Baerzot si prendono la giusta rivincita sulla stampa e sui tifosi italiani.

È la nascita dell'Italia Mundial.

In Brasile accade invece un vero e proprio dramma, con la stampa locale che ribattezza immediatamente la sconfitta come *"La tragedia del Sarriá"*, in quanto simile per molti aspetti al Maracanazo.

I brasiliani escono rapidamente dal campo, le maglie a penzoloni sulle spalle, alcuni baciano le croci appese al collo.

Quasi inosservato, quell'aquilone verde e giallo è precipitato al suolo. Si agita un paio di volte come un pesce sul ponte di una barca, prima di adagiarsi fiaccamente sull'erba.

E' apoteosi Italia. E' emozione infinita di un ragazzino dodicenne pronto per un tuffo a mare inebriante e rinfrescante. Fa caldissimo ed e' appena terminata la partita piu' bella ed entusiasmante di sempre.

La squadra del Brasile del 1982 era una compagine davvero unica. E questo rende l'impresa degli Azzurri ancora piu' imponente.

Secondo l'illuminante libro di Fernando Duarte[3], "Shocking Brazil", i giocatori trascorsero quattro mesi insieme prima della Coppa del Mondo, preparandosi con grande intensità per migliorare l'malgama di squadra e rendere il loro stile di gioco il piu' spontaneo possibile.

Sócrates rinunciò persino ad alcol e sigarette, così da presentarsi in condizioni fisiche perfette.

Le squadre brasiliane erano famose per la loro rigida fede nel *concentração*, o "concentrazione", che si basava sulla convinzione per nulla scientifica che gli uomini brasiliani non potessero fare sesso audace e selvaggio prima degli impegni sportivi importanti. L'unica soluzione, quindi, era un isolamento lontano da mogli e fidanzate, e da tutte le possibili tentazioni. Il *concentração*, tuttavia, non venne applicato nella Coppa del Mondo 1982 in Spagna, e la squadra visse un rilassato clima familiare.

La nuova atmosfera fu, in gran parte, una risposta all'esperienza priva di gioia – per giocatori e tifosi – della

---

[3] Shocking Brazil - Fernando Duarte, Birlinn Ltd 2014

Coppa del Mondo 1978. Dal 1964, il Brasile era governato da una dittatura militare la cui sconsiderata mala gestione avrebbe determinato al paese di rimanere una nazione da terzo mondo fino al nuovo secolo.

Originariamente la giunta ebbe poco interesse per il calcio, ma la popolarità della meravigliosa squadra del Brasile del 1970 si rivelò un irresistibile carro su cui salire.

Il coinvolgimento del regime divenne ancora più forte quando Cláudio Coutinho, un capitano dell'esercito, fu nominato allenatore della Seleção per il 1978. Coutinho, che non fu mai un giocatore di alto livello, era convinto che forma atletica ottenuta duramente e lavoro di squadra surclassassero sempre le abilità individuali, e si proponeva che le squadre brasiliane emulassero il calcio totale dei Paesi Bassi, piuttosto che fare affidamento sugli attributi della propria tradizione. Per il '78 non portò Falcão e Sócrates; lasciò fuori Zico. *"Il dribbling, la nostra specialità, è una perdita di tempo, e la prova della nostra debolezza"*, disse una volta.

Assurdo: lasciar fuori Zico.

Il destino di Coutinho non fu segnato dai risultati, che furono decenti, ma dal rifiuto pressoché universale di ciò che egli rappresentava: vincere senza spettacolo. E cosi' il suo sostituto nel 1980, Telê Santana, fu tutto ciò che egli non fu.

Come giocatore Santana era stato un'ala destra fluidificante e le squadre che aveva allenato giocavano un calcio aperto e vivace. Il suo mandato fu tanto romantico quanto pragmatico: riportare il Brasile alla sua maestosità, ripristinare il *jogo bonito*, o bel gioco. "Ecco perché tutti amano così tanto il 1982, perché è un ritorno alla tradizione che i militari prima cercarono di rubare e poi tentarono di deformare" dice David Goldblatt[4], sociologo e scrittore.

Santana scelse Sócrates come suo capitano per uno scopo: non era solo saggio e molto considerato in campo dai compagni, ma lontano dal calcio era un attivista sociale che leggeva Machiavelli e Thomas Hobbes, ed era un dichiarato sostenitore della democrazia. Che gli fosse permesso di entrare in squadra era rivelatore; il fatto che fosse il suo leader ancora di più.

"I militari stanno perdendo forza, vogliono proseguire," spiega Goldblatt. *"Verso il 1980, l'economia è in picchiata, l'iperinflazione è all'orizzonte e sono a corto di espedienti. Non trasformeranno il Brasile nella grande superpotenza continentale che immaginavano di poter fare. È tempo di procedere e Coutinho non ha funzionato, e non sembra una buona idea riconfermarlo. Ecco perché il calcio acquista quel po' di autonomia dai militari nei primi anni Ottanta"*.

Per i brasiliani a casa che sopportavano l'ultimo periodo di governo militare la squadra del 1982 rappresentava l'evasione. Il Congresso del paese infine elesse un presidente civile nel 1985 – con l'inflazione al 235 per cento – anche se i brasiliani avrebbero dovuto aspettare fino al 1989 per una votazione propriamente democratica.

Guardare Zico, Sócrates e gli altri giocare come se non se ne curassero era quanto bastava a dimenticare tutto ciò che c'era di sbagliato nel paese, dice Fernando Duarte, che nel 1982 era un bambino di nove anni che viveva a Rio de Janeiro: "Il calcio, e lo sport in generale, è sempre un modo

---

[4] David Goldblatt, "Futebol Nation: a Footballing History of Brazil", Penguin 2014

per distaccarsi dalla realtà. E in quel periodo, la gente era alla ricerca di una qualche felicità". Duarte ricorda strade decorate dei colori del Brasile, con premi assegnati ai festoni più originali. "Un sacco di gente non aveva i soldi per le decorazioni, pertanto ci furono delle collette, in pratica passando un cestino di casa in casa, così si sarebbe potuto far festa e seguirlo assieme."

Molti anni dopo la partita, Duarte ha incontrato Paolo Rossi, che in Brasile chiamano ancora "Il Boia": *"Mi ci è voluto davvero un po' per sentirmi a mio agio con il ragazzo. Non lo supererò mai, perché è uno di quei momenti che definiscono la tua vita. Vorresti solo che riaccadesse così da avere la possibilità di cambiare la storia".*

Quando l'allenatore Telê Santana morì nel 2006, Sócrates scrisse un tributo che descriveva la scena nello spogliatoio brasiliano dopo la partita. Era come avere, tutte affiancate, la serie delle Pitture nere di Goya: lacrime, rabbia, incredulità.

Santana rimase tranquillo e composto. Quando alla fine parlò disse ai suoi giocatori che era orgoglioso di loro: "Abbiamo fatto del nostro meglio, ma oggi non e' bastato" concluse. "Tutto il mondo è rimasto incantato da voi. Siate consapevoli di questo". Santana aveva ragione, ma anche lui era consapevole che quel giorno, contro quell'Italia formidabile, non ci sarebbe stato nulla da fare.

La squadra brasiliana del 1982 si sfaldò, poi si disintegrò. Nel 1983, Zico lasciò il Flamengo per unirsi all'Udinese in Italia. L'anno successivo, Sócrates promise a una folla di un milione e mezzo di persone, in una manifestazione politica in Brasile, che sarebbe rimasto nel paese se fosse stata approvata una legge che avesse garantito elezioni presidenziali democratiche.

Così non fu, e se ne andò a malincuore alla Fiorentina.

Cerezo si unì a Falcão alla Roma. Éder rimase in Brasile, ma divenne noto per il temperamento irascibile e fu sospeso dalla nazionale per aver spintonato un raccattapalle. Santana tornò come allenatore della squadra per i mondiali del 1986 ma, a causa di infortuni o perdite di forma, l'unico fantasista a iniziare il torneo fu Sócrates. Zico fu rimesso in sesto da un lungo infortunio al ginocchio per giocare nel classico quarto di finale contro la Francia, ma sbagliò un rigore nel secondo tempo e il Brasile fu infine eliminato ai rigori.

Ancora oggi, nell'immaginario collettivo, la squadra brasiliana dell'82 e' considerata tra le squadre piu' forti e talentuose della storia verdeoro, dietro soltanto agli eroi del 1970 con Pele'.

E questo rende ancora piu' entusiasmante e colma di valore la vittoria degli Azzurri e l'impresa incredibile che Pablito e compagni son riusciti a realizzare in quella indimenticabile, unica, irripetibile partita.

Una squadra impareggiabile, quella azzurra, che si laureerà meritatamente Campione del Mondo sei giorni dopo.

Zoff richiama tutti all'ordine, compreso l'arbitro Klein: il colpo di testa di Oscar al 90' non è entrato. E' fatta.

Klein fischia e decreta la fine di una delle partite piu' belle e avvincenti di tutti i tempi. E ci vede vincitori.

In un tripudio di bandiere italiane, l'Italia si qualifica per la semifinale. Ha eliminato le due superfavorite del Mondiale, diventa la squadra più forte. E "Pablito" Rossi, redivivo, è per gli spagnoli l'«hombre del partido», l'uomo decisivo della partita. Il centravanti del miracolo.

Colui che entrera' per sempre nella storia di questo sport.

L'Italia e' tutta in strada a festeggiare. Siamo i piu' forti. Giochiamo improvvisamente alla grande.

Indescrivibile l'ondata di energia positiva che pervade lo stivale da Bolzano a Capo Passero. Da Ventimiglia a Trieste. *Paolorossi* e' tornato. Vinciamo.

E un tuffo a mare di festeggiamento con fratello Paolo e' d'obbligo.

Intanto la RAI propone in quei giorni "Azzurro", manifestazione canora ideata dal compianto Vittorio Salvetti proprio per portare fortuna agli Azzurri del calcio. Al Teatro Petruzzelli di Bari Franco Battiato canta *Cuccuruccucu*, Marco Ferradini *Teorema*, Loredana Berte' *Non sono una signora*, Vasco Rossi *Splendida giornata*, Fabio Concato *Domenica bestiale*, Riccardo Cocciante *Celeste nostalgia*, e gli Stadio con Lucio Dalla intonano *Grande figlio di puttana*; in piu' ci sono anche Venditti, Vecchioni, Ruggeri, Morandi.

Non male come colonna sonora. Brividi irripetibili.

E cosi' per una caleidoscopica miriade di incredibili motivazioni, di partite come questa non ve ne sono piu' state. Il secolo che abbiamo abbandonato l'ha cristallizzata ormai come la più bella dei primi cento anni di calcio.

Per come sono cambiate le cose del mondo e del pallone, e per il contesto storico assolutamente unico dell'epoca, non è difficile credere che probabilmente resterà la più bella di sempre e che a noi non rimarrà che guardare al futuro con struggente nostalgia.

Quei novanta minuti furono lo sport, il calcio, la partita, lo stadio, gli uomini, la rivincita, le storie, le emozioni di un preciso momento, emblema di un irripetibile spirito del tempo, l'alba degli anni Ottanta, come non erano mai stati prima e come non sarebbero stati più.

Almeno finora.

Germania Ovest – Francia 3-3
Mondiali Spagna 1982
“La notte di Siviglia”

“Perché la gente ama il calcio?
Perché non ha nessuna verità, nessuna legge”.
Michel Platini

8 Luglio 1982 ore 21:00
Siviglia, Stadio Sanchez Pizjuan
GERMANIA OVEST-FRANCIA 3-3 d.t.s. 5-4 d.c.r.
Reti: 17’ Littbarski, 26’ Platini rig., 92’ Tresor, 98’ Giresse, 102’ Rummenige, 108’ Fischer.
Germania Ovest: Schumacher, Kaltz (c), K.H. Forster, Stielike, Briegel (96’ Rummenigge), B. Forster, Dremmler, Breitner, Littbarski, Magath (72’ Hrubesch), Fischer.
Allenatore: Derwall
Francia: Ettori, Amoros, Janvion, Bossis, Tigana, Tresor, Genghini (52’ Battiston, 62’ Lopez), Giresse, Platini (c), Rocheteau, Six. Allenatore: Hidalgo
Arbitro: Corver (Olanda)
Spettatori: 70.000

Rimaniamo in Spagna, sempre nel Mondiale del 1982.

Il Mondiale piu’ bello.

Questa volta parliamo di un’incontro che ancora oggi è nella memoria di tutti coloro che hanno potuto ammirarlo.

Ecco a voi la semifinale Francia – Germania.

La partita, come spesso e' accaduto durante i Campionati del Mondo, vede la Germania Ovest favorita. Ma la Francia in quel frangente aveva trovato la formula perfetta grazie a quello che fu denominato il "Il quadrato magico francese", ovvero il quartetto di centrocampo guidato da Platini con Tigana, Genghini e Giresse. Un centrocampo tra i piu' talentuosi e ben assortiti di quel decennio.

La partita inizia, allo stadio Pizjuan di Siviglia, alle ore 21 locali. Come da copione la Germania inizia a schiacciare la Francia nella propria area e, al minuto 17', dopo una respinta corta del portiere francese, Littbarski mette la palla in rete.

Il vantaggio teutonico dura poco però poiché al minuto 27' Michel Platini segna un dubbio calcio di rigore.

Tutto il secondo tempo vede una netta superiorità della Francia che però non riesce a concretizzare. Si va ai tempi supplementari. Ed è qui che succede di tutto e di piu'.

Dopo 2 minuti dall'inizio del primo tempo supplementare Trèsor porta in vantaggio i transalpini sugli sviluppi di un calcio di punizione.

Dopo altri 6 minuti la Francia sigla addirittura il terzo gol con Giresse, gettando nel baratro i tedeschi.

Ormai sembra non ci siano piu' speranze per i Panzer.

Anche in questo caso però la Germania mostra la sua forza e caparbietà. Al minuto 102' Rumenigge, entrato da pochi minuti, sigla un bellissimo gol che riapre la partita.

Nel secondo tempo supplementare la squadra tedesca continua ad attaccare e, al minuto 108', Klaus Fischer con una bellissima rovesciata pareggia i conti fissando il risultato sul 3-3.

Il pubblico e' impazzito. 4 gol nei supplementari, anzi in meno di 20 minuti.

La partita finisce sul 3 a 3 e quindi, come da regolamento, si va ai calci di rigore.

I primi 2 rigori vengono segnati da entrambe le squadre (Kaltz e Breitner per la Germania, Giresse e Amoros per la Francia).

Per il terzo rigore sul dischetto si presenta Stielike che sbaglia e crolla in lacrime a terra. Il portiere tedesco Schumacher corre ad alzarlo e gli dedica la parata su Six (quarto rigorista francese).

Siamo ancora in parità. Segnano Rummenigge e Platini. Sesto rigore, sul dischetto si presenta Bossis che si fa ipnotizzare da Schumacher e sbaglia. Ora è il momento di Hrubesch. Rincorsa, tiro, gol.

La Germania vince e va in finale dove ad attenderli ci sarà la nazionale di Pablito e Bearzot.

Quella notte verra' ricordata con gioia da tutti i tedeschi ancora oggi come la "Notte di Siviglia". Intuitivamente lo stesso entusiasmo non lo ritroviamo dal lato francese, il solo sentir parlare di quella partita causa loro orticaria.

Questa partita fu la prima della storia dei Mondiali ad essere decisa ai calci di rigore. E molte furono le critiche, al riguardo, da parte dei più conservatori, considerando i rigori una lotteria che non rispettasse il gioco del calcio.

Invece, a livello mediatico, questa formula ebbe successo tant'è che da allora tantissime partite dei mondiali, anche importantissime, sono state decise in tal modo.

I destini delle due squadre negli anni immediatamente successivi seguirono percorsi opposti.

La Germania Ovest, come si sa, perse nettamente la finale contro gli Azzurri. Rummenigge, che con il suo ingresso aveva ribaltato i destini della semifinale contro la Francia, fu marcato dal diciottenne Bergomi e non incise sulle sorti della partita. Agli Europei successivi la Germania, qualificatasi per la fase finale a 8 squadre, si fermò al girone eliminatorio.

Quegli Europei li vinse invece la Francia padrona di casa, al primo trionfo internazionale, e rappresento' il giusto premio per una generazione di campioni davvero talentuosi e, in particolare, per Michel Platini.

L'Europeo 1984 fu letteralmente dominato dal numero 10 della Francia, che mise a segno 9 gol in 5 partite e fornì una delle prestazione individuali più impressionanti di un singolo calciatore nel corso di un unico torneo internazionale.

Tra il 1983 e il 1985 Platini vinse tre Palloni d'oro consecutivi, record ineguagliato nel trofeo fino al 2010, anno in cui il Pallone d'Oro fu unito con il Fifa World Player of The Year.

Italia – Germania Ovest 3-1

Mondiali Spagna 1982

Telespettatori italiani, buona sera. È con grande emozione che prendiamo la linea dai bordi del campo dello stadio Bernabeu di Madrid per la finale del campionato del Mondo 1982…
Nando Martellini

11 Luglio 1982 - Ore 20:00
Madrid (Estadio Santiago Bernabeu)
ITALIA - GERMANIA OVEST 3-1
Reti: 56' Rossi, 69' Tardelli, 80' Altobelli, 83' Breitner.
Italia: Zoff, Bergomi, Cabrini, Gentile, Collovati, Scirea, Conti, Tardelli, Rossi, Oriali, Graziani (7' Altobelli, 89' Causio). Ct: Bearzot.
Germania Ovest: Schumacher, B.Förster, Briegel, Kaltz, K.H. Förster, Stielike, Littbarski, Dremmler (62' Hrubesch), Fischer, Breitner, Rummenigge (70' Müller). Ct: Derwall.
Arbitro: Coelho (Brasile).
Spettatori: 90.000

Anche in questo caso, rimaniamo in Spagna nel 1982 per l'ultima partita di quel Mondiale storico: l'indimenticabile finale tra Italia e Germania Ovest.

La Germania, come appena visto, arriva in finale grazie al successo ai rigori contro la Francia nell'interminabile "Notte di Siviglia”. In questa finale non sono considerati i favoriti, ma si parla più di uno scontro alla pari.

La nazionale italiana infatti, dopo le critiche per le convocazioni e per i gironi passati addirittura senza vincere, aveva eliminato i Campioni del Mondo in carica dell’Argentina, il favorito Brasile, e la forte Polonia in semifinale. Le ultime due partite decise dal grande Paolo Rossi, con una tripletta ed una doppietta.

La finale si gioca a Madrid, al Santiago Bernabeu davanti a 90.000 persone in festa. L’arbitro è il brasiliano Arnaldo Cèsar Coelho.

Inizia il match, in Italia oltre 25 milioni di persone sono nelle proprie case davanti la Tv mentre altri 10 milioni sono tra bar e locali per vedere la partita in compagnia.

L’inizio però non sembra essere dei migliori: Ciccio Graziani dopo appena 7 minuti si infortuna alla spalla ed è costretto ad uscire sostituito da Altobelli.

Quest’ultimo, dopo una manciata di minuti, lancia in area per Conti che viene atterrato nettamente da Briegel: rigore.

Sul dischetto si presenta Cabrini che però, come si nota dalle immagini televisive, è molto teso e tira fuori dallo specchio della porta. Occasione sprecata. L’Italia intera e’ ammutolita. Si rimane in parità.

Ma il destino ha in serbo altre strade per regalare l’alloro piu’ grande agli Azzurri.

L’Italia dimostra tutto il suo valore continuando a fare la partita nonostante la delusione del rigore sbagliato e, al minuto 57’ del secondo tempo il solito Rossi mette il pallone in rete su assist di Gentile.

Pochi minuti dopo, precisamente al 69', il mondo assiste ad uno dei momenti più iconici della storia del calcio moderno: il famoso "Urlo" di Tardelli che ancora oggi viene imitato da migliaia di ragazzini.

Scirea guida un contropiede, compreso di un tacco in area in scambio con Bergomi, che viene finalizzato magnificamente dal nostro campione con un gran tiro di sinistro da fuori aerea.

L'urlo. L'urlo di Tardelli, che diventerà più famoso di quello di Munch, è un momento spartiacque nella storia del nostro calcio. E anche del nostro "sentire" come popolo.

Chiude un'era e ne apre un'altra.

E' l'inizio ufficiale della sbornia degli anni Ottanta.

L'impatto che l'urlo ha sul nostro calcio è paragonabile all'impatto di "The Dark side of the Moon" dei Pink Floyd sulla storia della musica.

Così quello di Tardelli non è solo un urlo, è una liberazione.

È un intero popolo, quello italiano che esce da un periodo buio, pieno di piombo, e lo fa urlando la sua rabbia, il suo orgoglio, il suo bisogno.

Con tutto il fiato che ha in gola.

Quanto necessario si e' rivelato, in questi tempi strani, in questi periodi pandemici cosi' assurdi, un altro urlo cosi'. Liberatorio, catartico, purificatorio.

E con l'Italia di Mancini, meritatamente fresca vincitrice dell'Europeo, ecco arrivata a sorpresa un'altra gioia collettiva, altrettanto deflagrante.

Abbiamo tecnologia, telefonini, social, ma pratichiamo obbligatoriamente il distanziamento sociale per preservare la nostra salute. Tutto a un tratto ci accorgiamo di vivere pervasi da pseudovalori il piu' delle volte vacui. Una societa' liquida con rapporti umani sempre piu' liquidi, citando Bauman .

Ci vediamo costretti, nostro malgrado, a riformulare la nostra gerarchia di priorita'.

Negli Ottanta c'era poca tecnologia, ma in compenso avevamo una promessa di felicita'. Quella che forse manca oggi.

Ma probabilmente ha ragione Coelho: "L'ora piu' buia e' quella che precede il sorgere del sole."

Forse sono i prodromi di tempi migliori, sta arrivando una nuova alba, e la cosa preferibile che si puo' fare in questi momenti è viaggiare con la fantasia e i ricordi, e godere al massimo delle gioie presenti.

Il risultato è di 2 a 0 e la Germania, forse distrutta dalla lunga semifinale, sembra non riuscire a contrastare l'egemonia azzurra.

L'Italia continua a produrre bel gioco e, al minuto 81', Altobelli chiude la partita segnando il 3 a 0 alla fine di un bellissimo contropiede orchestrato da Conti.

In realtà, dopo 2 minuti la Germania con Breitner trova il gol del 3 a 1. Ma sarà una rete utile solo per le statistiche e per dare un minimo di pathos ai dieci minuti finali.

L'Italia si consacra così Campione del Mondo per la terza volta nella sua storia ed il suo capitano Dino Zoff, a 40 anni e 133 giorni, diviene il più anziano giocatore a vincere un Mondiale. Record intatto ancora oggi.

Paolo Rossi, che secondo buon senso non sarebbe dovuto essere nemmeno convocato si rivelò il capocannoniere del Mondiale spagnolo e trascinatore di tutta la squadra, dando ragione a Bearzot.

Famosa, e nei ricordi di tutti, resta la frase del telecronista Rai Nando Martellini al triplice fischio finale: ***"Palla al centro per Müller, ferma Scirea, Bergomi, Gentile, è finito! Campioni del mondo, Campioni del mondo, Campioni del mondo!".***

Verso le dieci di sera dell'11 luglio 1982 il signor Rossi si appoggiò ansimante a un cartellone pubblicitario dello stadio Bernabeu di Madrid. Intorno a lui un mare in tempesta fatto di mani e bandiere, un'onda che si ingrossa fin quasi a lambire quel serpente azzurro che si snoda intorno al campo.

Davanti a tutti c'è una figura mitologica che diverrà francobollo: metà Zoff, metà coppa del Mondo.

Dietro, gli altri eroi dell'ultima impresa del nostro calcio.

Meno Rossi, che ha chiuso il suo giro d'onore dopo pochi metri su quel cartellone.

Non è stanchezza, non è commozione: Paolo Pablito Rossi, campione del Mondo e capocannoniere di Spagna '82 con 6 reti, contempla quel finimondo e – misteri dell'animo umano – si scopre triste: *«Guardavo la folla, i compagni e dentro sentivo un fondo di amarezza. "Adesso dovete fermare il tempo, adesso", mi dicevo. Non avrei più vissuto un momento del genere. Mai più in tutta la mia vita. E me lo sentivo scivolare via. Ecco: era già finito*[5]*».*

E cosi' se ci voltiamo di scatto, la riconosciamo subito, tra tutte le Nazionali della storia azzurra inconfondibile tra le altre, la più bella di tutte: la Nazionale del compianto Pablito, quella dell'82.

Perché la più bella? Per varie ragioni. Eccole[6].

1. La prima volta

Il Mundial di Spagna ha il fascino della prima volta anche se è stata la terza. I titoli di Vittorio Pozzo, onorabilissimi, sono preistoria, ante-guerra. Non c'era la televisione, c'era Nicolò Carosio che raccontava per radio e un regime al potere. Nell'edizione italiana del '34, l'arbitro svedese Eklind, simpatizzante di Mussolini, ci diede una buona mano nella semifinale con l'Austria. Il Duce gradì la sua presenza anche in finale. Dal '38 all'82 corrono 44 anni. Sono pochi i testimoni dei due eventi. Il trionfo dell'Italia di Bearzot è stato il primo condiviso da un intero popolo in tv e festeggiato per strada, dopo il coprifuoco degli anni di piombo appena sfumati. Anche questo cambio di scena regala all'82 una sacralità unica. E' stato la nascita di un rito. Il 2006 soltanto la celebrazione di quel rito. Ad altre Nazionali arrivate al cuore, tipo quelle di Valcareggi, Vicini, Sacchi, Prandelli, è mancata la magia del grande trionfo.

---

5 Da *Quanto dura un attimo* Paolo Rossi e Federica Cappelletti – Mondatori 2019

6 Da un bellissimo articolo di Luigi Garlando apparso online dopo la scomparsa di Paolo Rossi.

2. Avversari nobili

Massimo rispetto per gli eroi di Berlino: lo sottolineo chiaramente una volta per tutte.

Ma Bearzot arrivò in semifinale dopo aver sconfitto l'Argentina di Maradona e il Brasile di Zico; Lippi l'Australia di Bresciano e l'Ucraina di Shevchenko. Diamo all'Italia del 2006 un coefficiente di difficoltà superiore per la semifinale (Germania ospitante/Polonia), facciamo pari in finale (Germania/Francia), ma è l'impresa del Sarrià con il Brasile che fa saltare il banco e rende impossibile il paragone. Quel Brasile, dato da tutti per favorito, sembrava imbattibile: Junior, Cerezo, Falcao, Socrates, Zico, Eder... Se al posto di Serginho ci fosse stato Pablito, non ci sarebbe stata assolutamente storia.

L'Italia dell'82 ha scalato l'Olimpo e ha scacciato gli dei: Maradona, Zico, Rummenigge. Dal '70 al '94 Brasile, Germania e Argentina si sono spartiti tutti i titoli mondiali. L'Italia del Vecio è stata l'unica sola splendida intrusa. E ha sconfitto tutte e tre le dominatrici, una dopo l'altra, nella stessa manifestazione, a pochi giorni di distanza. Impossibile non considerarlo.

3. Uomini veri

Le Nazionali di Bearzot e Lippi erano impronosticabili, date le condizioni ambientali. Nell'estate 2006 divampò Calciopoli. Fabio Cannavaro, il capitano azzurro, si presentò a Coverciano dicendo: "Moggi? Fanno tutti così". Il capo-delegazione Abete lo costrinse a ripresentarsi il giorno dopo: "Ieri non mi sono spiegato bene". Molti volevano che l'Italia non andasse neppure in Germania o che non ci andassero gli juventini. Il commissario Guido Rossi arrivò tutto vestito di bianco, come l'Uomo Del Monte, e disse anche lui "sì": "Andiamo al Mondiale".

Ma nessuno pensava che quei ragazzi spaventati avrebbero potuto conquistare il mondo. Invece nel ritiro di Duisburg, per reazione, si scatenò una magica alchimia di gruppo che fu il vero segreto del trionfo. Inzaghi e Del Piero, non due fratelli, facevano coppia a briscola. Il lupo dormiva con l'agnello.

Qualcosa del genere era successo alla Casa del Baron di Pontevedra nell'82, sede del ritiro galiziano degli Azzurri, con il silenzio stampa e le reazioni alle critiche dopo le prime partite deludenti.

Il bombardamento in realtà era cominciato mesi prima, tanto che Bearzot aveva visto una giacca a righine bianche e azzurre in una vetrina di Corso Buenos Aires a Milano e aveva deciso: "In Spagna ci vestiremo così, allegri. Anche se tira tempesta, i miei ragazzi si sentiranno sul lungomare".

Oggi non ricordiamo la violenza con cui fu attaccato il Vecio. Mica critiche sul piano tecnico. Scrissero: "Homo Bearzoticus: uomo piccolo dalla mentalità e il respiro corto". Un primate, insomma. "L'Armata Brancazot, cresciuta a somiglianza del suo ossuto condottiero, un Don Chisciotte sconnesso dalla realtà". Tre interpellanze parlamentari sui guadagni degli azzurri: "Solo i ladri lavorano di meno e guadagnano di più". Un paio di firmatari sarebbero stati spazzati via da Tangentopoli. A Mondiale vinto, divenne l'"onesto Bearzot".

Al che il Vecio: "Non è stato Pablito a farmi onesto, ma mia madre che mi chiamava *Verità* perché non sapevo dire le bugie". Nel '78 i brasiliani avevano dato del cieco a Zoff.

Quattro anni dopo ha risposto inchiodando il pallone sulla linea al novantesimo. La nazionale più amata era fatta di uomini veri e dignitosi.

4. Vicina alla gente

Più amata perché più vicina alla gente. Il cognome e il fisico di Pablito era uno spot della normalità. Ma anche l'Alameda di Barrajas, dove alloggiò l'Italia per la finale: albergo per piazzisti, vicino all'aeroporto di Madrid. Leggermente diverso dallo splendido resort cinque stelle dove alloggiarono, ad esempio, gli Azzurri in Brasile per i Mondiali 2014.

Bergomi era un bambino coi baffi che pianse tra le braccia di Zoff, come fosse il padre perso da poco. Collovati era con la fidanzata Caterina che sembrava una bambina. Conti spese un patrimonio per telefonate alla moglie. Sono rimasti "normali" anche dopo, senza poltrone alla Platini, e quindi ancora vicini. Nel 2006 Totti, Del Piero, Cannavaro, Materazzi avevano altro status, altri tatuaggi, altri ingaggi, altra distanza dalla gente. Specchio dei tempi, certamente. Ma diverso.

5. La più bella

E poi l'Italia '82 è stata la più bella. Il biglietto da visita del Vecio non è la maglia strappata da Gentile al Galinho, ma Scirea e Bergomi che se la passano nell'area della Germania prima del gol di Tardelli. E siamo in vantaggio.

Dove sono catenaccio e contropiede? Due punte, Conti, Antognoni, Tardelli che assalta, Cabrini che è un'ala.

La verità è che con il Brasile il più brasiliano di tutti fu Conti. Un'Italia da perdere la testa. E molti anni dopo siamo ancora innamorati cotti.

Ammettiamolo.

Con il cuore gonfio di nostalgia.

Sono stati gli anni della Panda ma i ragazzi di Bearzot ci hanno fatto viaggiare in Ferrari e Rolls-Royce. Quell'anno andammo a cercare le isole Falkland sull'Atlante e scoprimmo che qualcuno le chiamava Malvinas.

Keke Rosberg, il papà di Nico, diventa campione del mondo di Formula 1 in una stagione dominata dalla Ferrari di Forghieri fermata solo dalle lacrime di dolore, la Juve vince il suo 20° scudetto, i Dire Straits spopolano con i loro pezzi di Rock romantico, e il compianto Franco Battiato la fa da *Padrone*.

Il 1982 è soprattutto l'anno con 45 mondiali vinti dall'Italia e dagli italiani, con Franco Uncini, gli Abbagnale, Saronni tra questi.

Davvero una *splendida giornata* come cantava Vasco Rossi e pazienza se Loredana Bertè preferivo urlare *non sono una signora*. Non era ancora l'Italia da bere o quella degli Yuppies, che sarebbe arrivata di li' a poco, era piuttosto l'Italia degli *amici miei atto secondo*, che ballava con *Grease* e rideva con *eccezziunale veramente*.

Ma quell'Italia inventata da Bearzot, che costruì una squadra jazzistica, con un gran lavoro da assieme, un enorme affiatamento con all'improvviso l'esibizione del solista, e' stata più un E.T. arrivato sul pianeta del pallone.

Lasciò il mondo a bocca aperta, fece impazzire argentini, brasiliani e tedeschi che si credevano gli dei del calcio.

Fu una lezione per tutti. Serietà, umilta', lavoro e tanto talento possono trasformare una squadra inizialmente anonima nella più bella del mondo.

Quell'Italia-Brasile resta una delle partite più affascinanti della storia del calcio. La nostra partita perfetta con il centravanti deriso e insultato che si trasforma in principe azzurro e segna tre goal che solo un pazzo potrebbe definire di rapina.

In quell'Italia che batte gli dei e si laurea Campione del Mondo nella finale memorabile con la Germania c'è tutto un paese ancora alle prese con mille dubbi e problemi.

Ma e' anche un paese che ha voglia di riscatto e di felicità e che di li a poco si metterà a correre, come quella Ferrari del 1982, per almeno un decennio più veloce di tutti.

Quei ragazzi con la maglietta azzurra e i calzoncini bianchi non hanno vinto solo un mondiale.

Ci hanno regalato un sogno.

Ci hanno regalato una promessa di felicità.

Argentina – Inghilterra 2-1
Mondiali Messico 1986

Ho fatto gol con la mia testa e con la mano di Dio.
Diego Armando Maradona

22 giugno 1986
Città del Messico, Stadio Azteca
Argentina – Inghilterra 2-1
Reti: 51' e 56' Maratona (ARG), 81' Lineker (ING).
Argentina: Pumpido, Cuciuffo, Brown, Ruggeri, Olarticoechea, Batista, Giusti, Burruchaga (76 Tapia), Enrique – Valdano, Maradona (c)
Inghilterra: Shilton (c), G.M.Stevens, Butcher, Fenwick, Sansom – Hoddle, Steven (76 Barnes), Reid (66 Waddle), Hodge – Lineker, Beardsley
Arbitro: Bennaceur (Tunisia)
Spettatori: 115.000

Siamo ai quarti di finale del Mondiale messicano del 1986 e ad affrontarsi sono la nazionale inglese e quella Argentina.

La partita, oltre a riservare eventi che rimarranno per sempre nella storia del calcio, è anche un mix di storia e ricorrenze sportive.

Solo quattro anni prima si era conclusa la famosa guerra delle Falkland.

Il conflitto coinvolse proprio Argentina ed Inghilterra che si scontrarono tra l'aprile e il giugno del 1982 per contendersi la supremazia sulle isole Falkland e della Georgia del Sud.

Inutile sottolineare quali enormi strascichi e acredine quella Guerra avesse lasciato tra le due nazioni, e proprio per questo, per quella partita, fu allertato l'esercito messicano al fine di evitare risse e scontri.

L'incontro cadeva inoltre proprio nel giorno del 20° anniversario del cosiddetto "Robo del siglo" (furto del secolo), partita del Mondiale 1966 dove gli argentini furono "derubati" dagli inglesi padroni di casa a causa in arbitraggio a dir poco di parte.

La partita, carica di aspettative, ha inizio.

Il primo tempo più che un match di calcio è una partita di rugby, come prevedibile. Interventi durissimi, principi di risse e poco calcio giocato.

Al minuto 51' del secondo tempo però accade quello che nessuno si sarebbe mai aspettato. Maradona, il campionissimo leader dell'Albiceleste, viene lanciato verso la porta. Il pallone è troppo alto e il portiere sta per bloccarla in presa alta.

Diego però salta e, con un movimento incredibile, tocca la palla con la mano scavalcando il portiere inglese. Gol.

Nessuno si accorge del tocco di mano, tranne il portiere stesso. Il gesto viene ricordato dagli argentini come "La mano de Dios" che aveva punito gli inglesi per la guerra e per il furto di 20 anni prima. Ma in realtà rimarrà come uno dei momenti più assurdi della storia dello sport.

Chiusa questa parentesi antisportiva, dopo appena quattro minuti si assiste però a quello che probabilmente ancora oggi è il gol più bello della storia del calcio.

Diego prende palla a centro campo e, invece di passare la palla ai compagni liberi, punta la porta. Da solo.

In poco più di 10 secondi corre palla a piede per 60 metri dribblando ben 5 avversari (Hoddle, Reid, Sansom, Butcher ed infine Fenwick). Arriva davanti al portiere Shilton, dribbla anche lui e di destro insacca il gol del 2 a 0.

Oltre ad essere considerato da tutti il gol più bello di sempre, ad inizio del nuovo millennio ha vinto anche il premio ufficiale della FIFA come "Gol del Secolo".

Il gol piu' straordinario del calcio moderno.

Per bellezza e importanza.

Ascoltare la telecronaca originale argentina e' qualcosa di emozionante. E' la voce di Victor Hugo Morales, tra l'altro Uruguagio e non argentino.

"Genio, genio, genio,dai, dai,dai…

Gol, goooool!

Maradona! C'e da piangere, scusatemi. Maradona in una corsa memorabile, la miglior giocata di tutti i tempi, aquilone cosmico!

Da quale pianeta sei venuto per lasciare sul posto tanti inglesi?

Diegol, Diegol, Diego Armando Maradona…"

Ricordo anch'io ragazzo sedicenne come sobbalzai sulla sedia alla visione di tale prodezza.

Uscii sul balcone a gridare a tutti: "Madonna che gol, che gol che ha fatto Maradona!".

In ogni Mondiale c'è sempre una partita simbolo, quella che rimane maggiormente impressa nei dolci ricordi dei vincitori e degli amanti di questo sport.

Spesso è la finale, altre volte la semifinale (la già citata Italia-Germania o il suo remake del 2006 per esempio).

Di Messico 1986 invece tutti ricordano il quarto di finale tra Argentina e Inghilterra. Troppe le connotazioni politiche e troppi gli episodi, sportivi e non, accaduti per non eleggerlo come match-manifesto del capolavoro maradoniano.

L'Inghilterra provò anche a reagire, con l'inutile gol del 2 a 1 di Lineker ma ormai l'Argentina e tutto il Mondo erano ai piedi di Diego Armando Maradona, il piu' grande calciatore di tutti i tempi, e nulla avrebbe potuto fermarlo.

Belgio – Urss 4-3
Mondiali Messico 1986

Il calcio pare esser diventato una scienza,
anche se non sempre esatta. Tuttavia, per me,
si tratta prima di tutto e soprattutto di un gioco.
Enzo Bearzot

15 giugno 1986
Leon, Nou Camp
Belgio – Urss 4-3 dts
Reti: 27' Belanov, 56' Scifo, 70' Belanov, 77' Ceulemans, 102' Demol, 110' Cleasen, 111' Belanov (rig).
URSS: Dasaev, Bezsonov, Demyanenko, Kuznetsov, Yaremchuk, Yakovenko, Zavarov, Bal, Aleynikov, Rats, Belanov. Allenatore: Valeriy Lobanovskiy
BELGIO: Pfaff, Gerets, Renquin, Grün, Vercauteren, Scifo, Demol, Vervoort, Ceulemans, Claesen, Veyt
Allenatore: Guy Thys
Arbitro: Erik Fredriksson (Svezia)
Spettatori: 32.000

Sempre durante i Mondiali messicani del 1986 si è disputata una partita molto particolare, spettacolare e dalle mille sfaccettature.

Parliamo dell'ottavo di finale tra URSS e Belgio.

Il Mondiale del 1986 fu il primo in cui si potette assistere a degli ottavi di finale. Infatti, nei precedenti ultimi mondiali come ad esempio nel 1982, dopo i gironi iniziali si partecipava a dei gironi da 3 in cui solo la prima accedeva alle semifinali.

Così facendo alcune grandi nazionali, tra cui l'URSS, vennero eliminate senza mai perdere.

Per evitare ciò, la FIFA decise di portare ben 16 squadre alla seconda fase, quindi: le prime 2 classificate dei 6 gironi iniziali piu' le due migliori terze.

Il Belgio fu proprio una di queste ripescate e trovò sul suo cammino l'armata sovietica del colonnello Lobanowsky.

L'appellativo colonnello non era un modo di dire perche' l'allenatore dell'URSS aveva realmente conseguito questo titolo all'interno dell'armata rossa sovietica.

Molti dei giocatori russi, negli anni successivi, dichiareranno che il colonnello applicava negli allenamenti metodi militari, molto faticosi e a volte anche pericolosi.

Comunque, la partita aveva tutti i presupposti per essere una delle più belle del Mondiale, e così fu.

Entrambe le squadre giocano un calcio frizzante e votato all'attacco. Soprattutto l'Urss pratica un gioco moderno con difesa alta, tattica del fuorigioco, e gioco totale. Il giovane Belgio inoltre ha già festeggiato la qualificazione agli ottavi come una vittoria e quindi va a giocarsi il match senza alcuna pressione.

Inizia il match e l'URSS comincia subito ad imporre il proprio gioco. La pressione porta cosi' al primo gol sovietico realizzato da Igor Belanov, con un bellissimo tiro all'incrocio.

Finisce il primo tempo sul risultato di 1-0 ed il secondo inizia sulla falsa riga del precedente con l'Urss che preme e sfiora il gol più volte con pali e salvataggi sulla linea.

Il Belgio pero' non molla e dopo pochi minuti trova il pari con Scifo. 1 a 1.

La Russia risponde a tono ed al minuto 70' torna in vantaggio con un gran gol del solito Belanov.

A questo punto, accade quello che la stampa ha definito il fattaccio: Jan Ceulemans, tra i piu' forti giocatori della storia del calcio belga, viene imbeccato da un lancio lungo; il guardalinee alza la bandierina ed alcuni difensori sovietici si fermano. L'arbitro però ignora il suo assistente e non fischia. Ceulemans incredulo si dirige verso la porta e fa gol. 2 a 2.

In quel momento tutti avrebbero pensato a forti proteste anche violente dei russi ma, guidati dal loro allenatore, decidono di dar prova di grande fairplay.

La partita va cosi' ai supplementari ma ormai l'inerzia dell'incontro e' cambiata. I diavoli rossi del Belgio sono psicologicamente sollevati e nettamente più freschi degli avversari e, con non molta fatica, trovano il gol del 3 a 2 con Demol al minuto 102', e, all' inizio del secondo tempo supplementare, addirittura il 4-2 con Cleasen.

I Russi provano anche a riaprire la partita grazie ad un rigore, molto generoso, realizzato sempre da Belanov. Ma niente da fare, il Belgio vince e festeggia la qualificazione ai quarti di finale.

C'e' da sottolineare che questa partita, e grazie alla sua tripletta, e' valso il Pallone d'Oro 1986 a Igor Belanov.

Un Pallone d'Oro tra i piu' discussi e generosi, vista la statura tecnica, sicuramente dignitosa del giocatore, ma non certo altissima da giustificare un cosi' ambito premio.

Soprattutto se si considera che nella storia del calcio giocatori davvero straordinari non hanno mai vinto tale premio, pur meritandolo ampiamente.

In ogni caso rimane nei ricordi questa come una delle partite piu' avvincenti di quel Mondiale e dell'intera storia iridata. Sette gol e tante emozioni.

Argentina - Germania O. 3-2

Finale Mondiali Messico 1986

Ho due sogni: il primo è giocare un Mondiale,
il secondo è vincerlo
Diego Armando Maradona

29 Giugno 1986 - Ore 12:00 - Stadio Azteca
ARGENTINA - GERMANIA O. 3-2
Reti: 22' Brown (ARG), 55' Valdano (ARG), 74' Rummenigge (FRG), 82' Völler (FRG), 88' Burruchaga (ARG)
Argentina: Pumpido; Cucciuffo, Ruggieri, Brown, Olarticoechea, Batista, Henrique, Giusti, Maradona, Burruchaga, Valdano
Allenatore: Bilardo
Germania Ovest: H.Schumacher; Eder, Brehme, Foerster, Briegel, Berthold, Jakobs, Magath, Matthaus, Rummenigge, Allofs. Allenatore: Beckenbauer
Arbitro: Romualdo Arppi Filho (Brasile)
Estadio Azteca - Città del Messico
Spettatori: 114.000

È la finale del 1986.

A scontrarsi, ancora una volta, l'immortale Germania Ovest e l'Argentina di Diego Armando Maradona.

Per la Germania sarà l'ultimo Mondiale con le due squadre divise in Est ed Ovest (di li' a poco nel 1989 cadrà il muro di Berlino e si riunificheranno). Per l'Argentina invece uno dei Mondiali più travagliati della storia e, in pieno stile del suo leader Maradona, uno dei più romanzati, nonché l'ultimo da vincente.

Prima la "mano de Dios" contro gli inglesi, poi giocatori scomparsi che ritornavano prima delle partite, poi attacchi al pullman della squadra. Insomma, una storia di cui solo gli argentini potevano essere protagonisti.

La partita si gioca all'Estadio Azteca di Città del Messico davanti a quasi 115.000 persone, ansiose di vedere all'opera l'immenso Maradona di quel Mondiale contro l'armata tedesca.

Inizia la partita. Come spesso accade con le squadre europee la Germania prova a vincerla tatticamente.

Su Maradona, giocatore più pericoloso, viene messo a uomo Lothar Matthaus, centrocampista tra i più forti d' Europa.

La mossa tattica funziona tanto che Maradona durante tutti i primi 20 minuti tocca pochissimi palloni, rendendo l'Argentina praticamente mai pericolosa.

L'altra faccia della medaglia è però che lo stesso Matthaus, perno tedesco anche in fase di costruzione, esce dalla partita pensando solo alle mosse del numero dieci argentino.

Al minuto 23', quasi dal nulla, la nazionale albiceleste riesce a trovare il vantaggio con un raro gol di testa del difensore Josè Luis Brown. Il gol, ancora oggi, è ricordato per l'uscita a vuota del portiere tedesco Schumacher.

Il primo tempo finisce 1 a 0 ed il secondo comincia con la stessa tattica del primo: "Maradona deve essere annullato".

Il fatto però è che durante il torneo tutti gli altri compagni di Diego hanno preso fiducia. E così al minuto 53' una bellissima azione corale porta al gol Jorge Valdano per il meritato 2 a 0. Sembra fatta per gli Argentini.

A quel punto l'allenatore della Germania, il Kaiser Franz, prova a giocarsi il tutto per tutto: libera Matthaus dal compito di marcare un ormai esausto Maradona.

La scelta sembra funzionare ed al minuto 74' Rummenigge trafigge il portiere argentino, 2 a 1.

Dopo soli sette minuti, all' 81', c'è un calcio d'angolo per i tedeschi. Salgono in area tutte le torri e, Rudy Voller, incorna di testa siglando il gol del 2 a 2. Rimonta completata: ancora una volta la forza mentale dei tedeschi si dimostra eccezionale nei recuperi.

In meno di 10 minuti l'Argentina si trova da plausibile campione del Mondo a sfavorita per la vittoria finale.

Però tutti quelli che davano ormai l'Argentina per spacciata non avevano fatto i conti con il Pibe de Oro, ancora non decisivo nella partita fino a quel momento.

E cosi' Diego al minuto 84' decide di salire in cattedra e risolvere la partita: con un assist geniale, circondato da avversari, che solo lui avrebbe potuto fare lancia verso la porta da solo Burruchaga che, con freddezza, batte Schumacher in uscita. E' il 3-2 definitivo.

L'Argentina vince il suo secondo Mondiale e Maradona chiarisce una volta per tutte chi e' il piu' forte.

Il mondo e' nelle sue mani. Il calcio e' Diego Armando Maradona: il piu' grande di tutti.

Russia - Camerun 6-1

USA 1994

A causa dell'ingresso di grandi sponsor sulla scena del calcio, sembra che il denaro abbia spostato i pali delle porte.
Enzo Bearzot

28 giugno 1994 – Ore 22:00
Stanford Stadium, Palo Alto, CA / USA
Russia – Camerun 6-1
Reti: 15', 41', 44', 72', 75' Salenko (Rus), 46' Milla (Cam), 81' Radchenko (Rus)
Russia: Cherchesov, Nikiforov, Ternavsky, Tetradze, Onopko, Khlestov, Karpin, Korneev, Tsymbalar, Ledyakhov, Salendo. Allenatore: Sadryn
Camerun: Songo'o, Kana-Biyik, N'Dip, Kalla, Tataw, Agbo, Libiih, M'Fedé, Foé, Omam-Biyik, EmbéAllenatore: Michel
Arbitro: Jamal Al Sharif (Siria)
Spettatori: 74.914

Allo Stanford Stadium di Palo Alto il 28 giugno 1994 va in scena una delle partite che gli appassionati di record del calcio ricordano con piacere.

A sfidarsi la Russia, diventata tale dopo lo scioglimento dell'Unione Sovietica, ed il Camerun, una delle prime nazionali africane ad affacciarsi al vero calcio che conta.

È una normale partita del Girone B della prima fase del Mondiale e i tifosi sono più che altro curiosi di osservare come si sia evoluto il calcio africano. Anche se, dopo le prime due partite il Camerun e' gia' eliminato, ci si aspetta un incontro gradevole e con qualche spunto interessante visto le due scuole calcistiche cosi' lontane tra loro.

La partita, vedendo le 2 rose, non dovrebbe aver storia, ed infatti così e'. La Russia stravince per 6 a 1.

Ma quindi perché prevedere anche questa partita tra quelle indimenticabili dei Mondiali? Perche' e' necessario raccontare una goleada di una squadra nettamente più forte?

La risposta risiede in due record clamorosi, attivi ancora oggi, realizzati in quella partita.

Il primo è quello di Oleg Salenko, bomber della Russia.

L'attaccante russo nei primi 75' minuti segna ben 5 gol, perforando la difesa ed il portiere camerunense come e quando ha voluto.

Cinque gol in una partita è, ancora oggi, un record per la competizione iridata e nessuno è riuscito ancora a superare o eguagliare.

Da notare è anche il fatto che tutti e 5 i gol furono segnati di destro, il piede preferito di Salenko.

Ironia e stranezza del calcio: i 6 gol del mondiale rimarranno i soli gol realizzati dall'attaccante russo con la maglia della propria nazionale, in appena otto presenze totali. Ma negli almanacchi rimarrà per sempre e imperituro il suo nome tra i capocannonieri dei Mondiali, non di altri.

Anche questa e' la bellezza e la magia del calcio.

Ma questo record, nonostante si sia trattato di un fatto più unico che raro, passò anche in secondo piano.

Perché? Perché un uomo di oltre 42 anni, Roger Milla, si prese la scena diventando l'idolo di tutti i tifosi neutrali.

Milla è stato uno dei calciatori più forti della storia calcistica del Camerun e africana in generale. Per i Mondiali del '94 fu convocato grazie alle pressioni del popolo camerunense.

All'epoca l'attaccante aveva compiuto da poco più di un mese 42 anni e, dopo quel Mondiale, avrebbe appeso le scarpette al chiodo.

Siamo sul 3 a 0 per la Russia, inizia il secondo tempo e i sovietici sembrano totalmente rilassati.

Da vecchio rapace d'aria Milla capisce che quello è l'unico momento in cui avrebbe potuto perforare la difesa russa.

Al minuto 46 Milla viene lanciato in porta da un suo compagno e, con classe, sigla a 42 anni e 1 mese quello che ancora oggi è il gol più "anziano" della storia di tutti i Mondiali di calcio.

Nonostante il risultato tennistico finale (6-1), quotidiani e media si concentrarono quasi esclusivamente sul record dell'attaccante del Camerun che, per qualche settimana, divenne ancor di piu' l'idolo di tutti i tifosi africani e non solo.

Cinque gol di un solo giocatore e il gol piu' "anziano": non male per un incontro apparentemente "normale".

Italia - Germania 2-0
Mondiali Germania 2006

Mio Dio, mio Dio Fabio Grosso!
Marco Civoli

4 luglio 2006, ore 21.00
Dortmund - Westfalenstadion
GERMANIA-ITALIA 0-2 d.t.s. (0-0)
Reti: 118' Grosso, 120' Del Piero
Germania: Lehmann, Friedrich, Mertesacker, Metzelder, Lahm, Schneider (dal 83' Odonkor), Kehl, Ballack, Borowski (dal 73' Schweinsteiger), Klose (dal 111' Neuville), Podolski. Allenatore: Klinsmann
Italia: Buffon, Zambrotta, Cannavaro, Materazzi, Grosso, Camoranesi (dal 91' Iaquinta), Gattuso, Pirlo, Perrotta (dal 104' Del Piero), Totti, Toni (dal 74' Gilardino). Allenatore: Lippi
Arbitro: Archundia (Messico)
Spettatori: 70.000

Quali sono i passi più famosi della letteratura italiana?

Volendo stilare una piccola top tre troveremmo sicuramente : "Nel mezzo del cammin di nostra vita..." di Dante Alighieri, "Quel ramo del lago di como..." di Alessandro Manzoni e "Campioni del Mondo, Campioni del Mondo, Campioni del Mondo" di Nando Martellini.

Non ce ne vogliano i nostri professori di lettere ma che la frase dell'indimenticato telecronista sia entrata di diritto nella cultura del Belpaese è un dato di fatto.

Queso per sottolineare, se ancora ce ne fosse bisogno, quanto il calcio dei grandi eventi sia ormai divenuto parte della nostra memoria storica.

E se vi chiedessero le frasi o le immagini iconiche del Mondiale 2006? La Coppa tra le mani di Cannavaro, la testata di Zidane, i rigori, i caroselli, il Circo Massimo, e inevitabilmente, il gol di Fabio Grosso contro la Germania con il celeberrimo *"Mio Dio... Mio Dio Fabio Grosso!"* di Marco Civoli.

Nel calcio, come spesso accade in tutti i campi della vita, quando si riesce a raggiungere un obiettivo importante il primo pensiero va al percorso compiuto per arrivare a quel traguardo.

E' per questo motivo che nei nostri cuori più che il trionfo ci rimane impresso il momento in cui forse nel profondo abbiamo capito di potercela fare, che i nostri sforzi avrebbero potuto condurci finalmente verso il sogno tanto agognato, a quell'istante tanto desiderato.

Signori, questa è Germania – Italia.

4 luglio 2006: semifinale dei Mondiali di Germania, Westfalenstadion di Dortmund. Di fronte due Nazionali fantastiche, storicamente tra le più vincenti della storia calcistica. Da una parte i padroni di casa, la Germania di Jürgen Klinsmann, dall'altra l'Italia di Marcello Lippi.

Entrambe le compagini arrivano all' appuntamento con la storia dopo essersi qualificate prime nel girone, i tedeschi da soliti carrarmati, gli azzurri invece con qualche sofferenza in più come da tradizione. Nella fase ad eliminazione diretta i padroni di casa si sono sbarazzati prima agevolmente della Svezia e poi con non poca sofferenza dell'Argentina ai calci di rigore con un giovane Messi spettatore in panchina.

Italia col brivido agli ottavi, quando riesce a superare la sorprendente Australia solo grazie al rigore di Totti a tempo scaduto, mentre molto più agevole il quarto contro l'Ucraina di Sheva battuta con un sonoro 3-0.

Inutile sottolineare che i tedeschi arrivano alla partita, almeno secondo i loro piani, da superfavoriti, forti del talismano Westfalenstadion che li ha visti sempre vittoriosi.

Cercano di destabilizzare l'ambiente facendo partire su tutti i giornali di casa una campagna contro gli Italiani mangia-pizza e destinati a tornarsene a casa, prendendo spesso di mira i vari italiani residenti in Germania.

In campo possono contare su un buon portiere come Lehmann, il rampante terzino Lahm e un'affiatata coppia d'attacco di origine polacca, l'esperto Klose (capocannoniere del torneo) e la giovane promessa Podolski. Capitano Michael Ballack, uomo simbolo del Bayern Monaco e dell'intera Bundesliga.

Dall'altra parte gli azzurri che, dopo aver superato lo scetticismo iniziale post-calciopoli, fanno affidamento su una difesa imperforabile, con Buffon e capitan Cannavaro in stato di assoluta grazia, i terzini votati all'attacco come Zambrotta e Grosso e l'estro degli uomini di maggior classe come Pirlo e Totti.

Calciopoli ha distrutto tutte le certezze del nostro calcio ed inoltre il nostro miglior talento, Francesco Totti, arriva da un grave infortunio che lo ha tenuto fuori per sei mesi, praticamente fino a due settimane prima del Mondiale.

I tedeschi invece, forti anche del fattore campo, arrivati a quel punto sono nettamente la squadra da battere.

Nei primi minuti le immense curve dello stadio di Dortmund sembrano spaventare più i tedeschi che gli azzurri e infatti l'inizio del match è di marca italiana.

Ottimo approccio alla partita di Francesco Totti, presente in tutte le prime occasioni. Prima calciando ottimamente una punizione da lunga distanza neutralizzata da Lehmann, poi servendo un assist delizioso al compagno romanista Perrotta - in uno schema di "spallettiana" memoria - che si allunga la palla proprio nel momento della conclusione, poi con un altro schema da punizione confezionato insieme a Pirlo con tiro murato dalla difesa tedesca.

Dopo un altro paio di sortite azzurre sulle fasce, scatenato Grosso, nei minuti finali del primo tempo i tedeschi si fanno vedere dalle parti di Buffon con un potente tiro di Scheneider che finisce di poco sopra la traversa.

Si va negli spogliatoi dopo aver visto una buonissima Italia e con i tedeschi, 11 in campo, 65mila sugli spalti e milioni davanti alle tv, con molte meno certezze.

Il secondo tempo si apre con un'azione personale di Miro Klose che supera prima Gattuso e poi Cannavaro - evento che in contemporanea non è mai capitato in tutto il torneo - ma non Gigi Buffon che in uscita sventa il pericolo

Continua il buon momento dei tedeschi che trovano altre due conclusioni prima con Podolski e poi con una punizione dal limite di Ballack alta sulla traversa.

Intanto iniziano le sostituzioni: per l'Italia fuori il capocannoniere della Serie A Toni e dentro Gilardino, per la Germania fuori Borowski e dentro Schweinsteiger, non ancora tra i centrocampisti più forti al mondo ma gia' maturo e pericoloso. Solo il tempo per l'ennesimo inserimento dell'inesauribile Perrotta che il signor Archundia, messicano da Tlalnepantla de Baz, fischia la fine dei tempi regolamentari.

Primo tempo azzurro, ripresa meglio i tedeschi. Pareggio tutto sommato giusto.

Chi si aspettava due squadre stanche e remissive che quasi convengono per rimandare tutto ai calci di rigore compirà uno dei pronostici più sbagliati di sempre. Quella notte del 4 luglio vanno in scena i supplementari tra più belli degli ultimi anni. Merito anche di Marcello Lippi e delle sue sorprendenti sostituzioni. Fuori due centrocampisti (Perrotta e Camoranesi) e dentro altri due attaccanti (Del Piero e Iaquinta). Con Cannavaro e Buffon che guardano perplesso: "Il mister e' impazzito!"

L'Italia da sempre accusata di essere difensivista e catenacciara si gioca una semifinale del Campionato del Mondo, ai supplementari, nella tana dei tedeschi, con quattro punte. Alla faccia del catenaccio. Fantastico!

Le due squadre si affrontano a viso aperto e ogni azione che termina vede dall'altro lato il ribaltamento di fronte.

L'Italia parte meglio allargando rapidamente il gioco sulle fasce con Gilardino e Iaquinta nelle insolite vesti di ali.

È proprio l'attaccante all'epoca in forza al Milan che con un'incontenibile azione sulla destra entra in aria e, dopo essersi bevuto Metzelder e Ballack, trova un'incredibile angolo di tiro ma a portiere battuto la palla sbatte sul palo. Azione fantastica, che se si fosse trasformata in gol avrebbe regalato a Giardino fama immortale.

Corner per gli azzurri, palla a Zambrotta, destro terrificante che si schianta sulla traversa emanando un rumore talmente forte e sordo che da Dortmund lo hanno sentito fino alla Porta di Brandeburgo a Berlino.

La palla non vuole entrare, non è possibile!

Dall'altro lato Podolski, sfruttando una delle rare amnesie di Materazzi, tutto solo di testa colpisce sul fondo. Cambiano le porte ma il copione è sempre lo stesso, occasioni da una parte e dall'altra, in pochi secondi si passa da un quasi gol ad un pericolo scampato.

Del Piero sbaglia un gol che lui non può sbagliare, gli manca il tocco, lo stesso che gli era mancato 6 anni prima nella finale degli Europei contro la Francia. Passano pochi secondi e ancora Podolski in area, da fermo, scarica un tiro violentissimo che San Gigi Buffon con un colpo di reni manda alto. I 22 in campo sono stremati. Minuto 119': Pirlo prende palla ai trenta metri, solita finta e tiro della disperazione con l'ultimo granello di forza rimasto che Lehmann mette in corner. I secondi stanno per terminare, maledetti rigori.

Mio Dio Fabio Grosso.

L'arbitro controlla il cronometro e vede che c'è ancora tempo, il corner si batterà, dalla bandierina Alex Del Piero. Palla ribattuta dai tedeschi che va a finire, guarda caso, sul destro di Andrea Pirlo - che Dio lo benedica. Non c'è spazio per tirare, le maglie bianche lo circondano. Coda dell'occhio e il numero 3 azzurro è libero, è lui, è Fabio Grosso.

Passaggio con il contagiri, quasi di tacco in uno dei nolook piu' famosi della storia del calcio, al terzino che apre il compasso e il mondo si ferma... *"E poi il Gol! Il gol di Fabio Grosso... Mio Dio, mio Dio Fabio Grosso, Fabio... Fabio Grosso!!"*. Civoli ci fa piangere tutti.

Materazzi abbraccia l'arbitro Archundia e non lo molla piu'.

Il ragazzo cresciuto nella Renato Curi (Eccellenza) ci porta in finale della Coppa del Mondo. Che passaggio di Andrea Pirlo ma che gol fantastico di Grosso, con un tiro a giro di rarissima precisione all'ultimo minuto.

Adesso sì che è quasi finita, la Germania si butta in avanti ma c'è ancora tempo per: *"Stacca Cannavaro, Podolsky... Cannavaro fuori! Quattro contro due. Calma... Gilardino. Va a puntare Metzelder. Gilardino ancora. Alex.... Del Pierooo!. 2-0. Li abbiamo annichiliti!!"*.

Civoli impazzisce, ma ha ragione. A parte tutto quello che rappresenta il gol di Del Piero il gesto tecnico che compie l'ex capitano juventino è qualcosa di pazzesco. Quando l'azione parte è ancora in area di rigore tedesca, lui corre, corre e corre, sa che la palla prima o poi arriverà a lui.

Perché? Perché i grandi campioni lo sanno. Il tempo di un tocco alla Del Piero (questa volta non è mancato) ed ecco servito uno dei gol più belli dei Mondiali 2006.

Adesso sì, adesso è finita veramente. Lippi abbraccia e bacia tutti, anche Barone. In uno stadio ammutolito si sentono solo gli italiani che intonano l'immancabile "Pooo poroppo po pooo po".

E' il giorno più bello, per chi vive all' estero, per chi lavora proprio in Germania, per chi l'ha vista in piazza, per chi l'ha vista con gli amici e per chi infine, per scaramanzia, l'ha vista da solo e ancora oggi è pronto a giurare che quella sera ha provato sensazioni che in poche occasioni si sono riproposte nella sua vita.

L'Italia e' in finale per la sesta volta nella sua storia.

Sogniamo. Forza Azzurri.

Brasile - Germania 1-7

Il "Mineirazo" - Brasile 2014

Ci sono alcuni paesi e villaggi del Brasile
che non hanno una chiesa, ma non ne esiste
neanche uno senza un campo di calcio.
Eduardo Galeano

8.07.2014 - Ore 22:00
Stadio Mineirao, Belo Horizonte
BRASILE - GERMANIA 1-7
Reti: 11' Muller, 23' Klose, 25' Kroos, 26' Kroos, 29' Khedira, 68' Schurrle, 78' Schurrle, 89' Oscar (B).
Brasile (4-2-3-1): Julio Cesar, Maicon, David Luiz, Dante, Marcelo, Fernandinho, Luiz Gustavo, Bernard, Hulk, Oscar, Fred. Allenatore: Scolari
Germania (4-2-3-1): Neuer, Hoewedes, Hummels, Boateng, Lahm, Khedira, Schweinsteiger, Ozil, Kroos, Muller, Klose. Allenatore: Low
Arbitro: Marco Rodriguez Moreno

Corsi e ricorsi storici, anche nel calcio.

64 anni dopo la "tragedia" sportiva del Maracanazo, i Mondiali tornano ad essere ospitati in Brasile.

La selezione verdeoro ad inizio competizione è tra le favorite, guidata dalla nuova stella del calcio mondiale, Neymar.

Stavolta il teatro della partita in questione non è il Maracana', ma lo stadio Mineiro di Belo Horizonte.

Ad affrontarsi ci sono i padroni di casa del Brasile e, manco a dirlo, i tedeschi.

Sulla carta la partita dovrebbe essere equilibrata. Il Brasile è spinto da un'intera popolazione e la pressione che i giocatori avvertono e' impressionante. Significative sono le lacrime di Thiago Silva durante gli inni nazionali.

Nei quarti di finale però il Brasile subisce 2 grandi perdite: la stella della squadra Neymar viene colpito dal Colombiano Zuniga con una ginocchiata alla schiena fratturandosi una vertebra. Thiago Silva invece, perno difensivo della squadra, viene ammonito ed essendo diffidato si vede costretto a saltare la semifinale.

Dunque, i tedeschi si prendono i vantaggi del pronostico e, come vedremo, lo rispetteranno.

Inizia la partita e sembra subito evidente una cosa: il Brasile non è sceso in campo.

Al minuto 11' la Germania trova subito il vantaggio con Thomas Muller. È l'inizio della fine.

Così, tra il minuto 23' e il minuto 29' succede l'imponderabile: la Germania in 6 minuti segna altri 4 gol (Klose, Khedira e doppietta Kroos). Il primo tempo finisce con un umiliante 5 a 0.

All'intervallo tutti sanno che i tedeschi non si fermeranno. Per loro non infierire significherebbe prendere in giro l'avversario, quindi il rischio di un risultato esagerato è nell'aria.

Il secondo tempo sembra più equilibrato con i brasiliani che forse spinti dall'orgoglio provano a reagire.

Ma al minuto 69' è ancora la Germania a segnare con Schurrle che sigla il 6 a 0. Lo stesso giocatore, 10 minuti più tardi segnerà il 7 a 0.

Al 90', tra i fischi dei presenti, Oscar segna il gol della bandiera fissando il risultato sul 7 a 1.

Sguardi increduli sugli spalti, in panchina, davanti alle tv.

Il giorno dopo e' tragedia nazionale: la presidente Dilma Rousseff in lacrime, il popolo che piange in tribuna in mondovisione.

Sarà la più grande sconfitta della storia del Brasile e, in riferimento con quanto accadde nel 1950, la partita verra' denominata *"Il Mineirazo"*.

I giornali brasiliani che aprono listati a lutto, con titoli come "La disgrazia di tutte le disgrazie" (Globo Esporte), "La più grande vergogna della storia" (Lance!) e "Un'umiliazione storica" (Folha de S. Paulo).

Davanti a tanta tristezza, in campo e fuori, il tedesco Ozil a fine partita fa un gesto che a molti passa inosservato: va da David Luiz affranto sul prato e gli chiede scusa. "Hai un bel paese e dei bei tifosi... scusami".

Non c'era bisogno di altre parole.

Tempi Supplementari
La classifica delle partite

Emozioni scolpite indelebilmente nel cuore di tutti.

È l'eredità che ogni quattro anni il Mondiale regala ad appassionati e non, l'eredità di una competizione che più di ogni altra ha scandito alcuni momenti indimenticabili della nostra vita. Ed ecco quindi le 20 partite più belle di sempre dei Mondiali di Calcio in una ipotetica classifica che ovviamente risente di una inevitabile componente soggettiva.

Ma e' una sfida che mi ha divertito molto e ho provato a compilarla seguendo la sensibilità personale e rispettando il piu' possibile i valori oggettivi, le emozioni legate all'evento e l'importanza che le singole partite hanno rivestito poi nella storia del calcio e nella memoria collettiva di un popolo.

Al primo posto assoluto la "partita delle partite", Italia-Brasile dell'82, quella che da sola, non a caso, occupa quasi un quarto dell'intero libro. Al secondo, inevitabilmente, la "Partita del secolo" del 1970 con i supplementari piu' pazzi ed emozionanti della storia del calcio. Al terzo Argentina-Inghilterra del 1986 con il *Gol del Secolo* e la *Mano de Dios* del divino Diego.

E poi di seguito tutte le altre, uniche, indimenticabili, irripetibili.

Eccola completa:

1° Italia – Brasile, Spagna 1982

2° Italia – Germania, semifinale Messico 1970

3° Inghilterra – Argentina, Messico 1986

4° Brasile – Uruguay, Brasile 1950

5° Francia – Germania, semifinale Spagna 1982

6° Italia – Germania, finale Spagna 1982

7° Germania – Italia, semifinale Germania 2006

8° Germania Ovest - Ungheria, finale Svizzera 1954

9° Uruguay – Argentina, Uruguay 1930

10° Brasile – Italia, finale Messico 1970

11° Ungheria – Uruguay, Svizzera 1954

12° Argentina - Germania, finale Messico 1986

13° Brasile – Svezia, finale Svezia 1958

14° Portogallo – Corea del Nord, Inghilterra 1966

15° Inghilterra – Germania, finale Inghilterra 1966

16° Germania – Inghilterra, Messico 1970

17° Germania – Olanda, finale Germania 1974

18° Brasile – Germania, Brasile 2014

19° Belgio – Urss, Messico 1986

20° Russia – Camerun, USA 1994

Bibliografia e Web

- *Il Mondiale è un'altra cosa. La coppa del mondo raccontata dagli Azzurri* Massimo Rota Franco Dassisti - Bompiani 2014
- *Roberto Baggio. Divin codino* Raffaele Nappi Perrone - 2018
- *Ci vorrebbe un mondiale* Paolo Valenti Ultra - 2018
- *Storie Mondiali* Federico Buffa Carlo Pizzigoni - Pickwick 2015
- *Una porta nel cielo* Roberto Baggio - Lìmina – 2001
- *Basta piangere! Storie di un'Italia che non si lamentava* Aldo Cazzullo - Mondadori – 2013
- *Storia delle idee del calcio* Mario Sconcerti – Baldini Castoldi 2009
- *Quanto dura un attimo* Paolo Rossi e Federica Cappelletti – Mondatori 2019
- *1982 Il mio mitico mondiale* Paolo Rossi e Federica Cappelletti – Kowalski 2012
- *Paolo Rossi: Ho fatto piangere il Brasile* Antonio Finco – Limina 2002
- *Dura solo un attimo la glora* Dino Zoff – Mondatori 2014
- *1982 Un'estate, un mondiale , una promessa di felicita'* Furio Zara – Ultrasport 2012
- *L'amore ai tempi di Pablito* Luigi Garlando – Gazzetta dello Sport 2012
- *Un secolo azzurro* Alfio Caruso – Longanesi 2013
- *La Partita* Piero Trellini – Mondadori 2019
- *La Partita del secolo* Riccardo Cucchi – Piemme 2020

www.solocalcio.com
www.mondi.it/almanacco
www.storiedicalcio.altervista.org/blog/la-storia-dei-mondiali
www.wikipedia.org
www.wikiwand.com

APPENDICE

Risultati e Statistiche di tutti i Mondiali

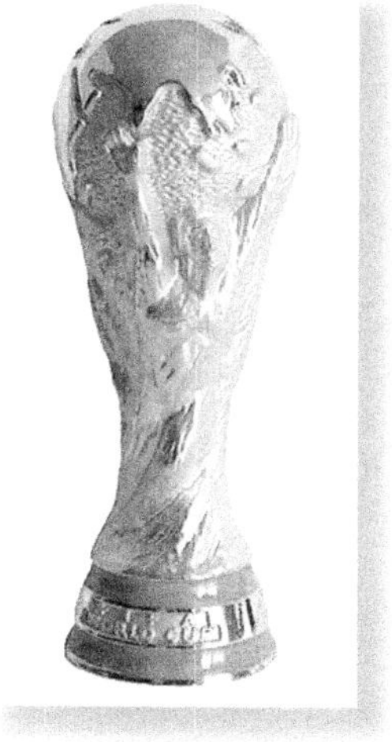

ALBO D'ORO

COPPA RIMET

COPPA DEL MONDO

1930	URUGUAY
1934	ITALIA
1938	ITALIA
1950	URUGUAY
1954	GERMANIA OVEST
1958	BRASILE
1962	BRASILE
1966	INGHILTERRA
1970	BRASILE
1974	GERMANIA OVEST
1978	ARGENTINA
1982	ITALIA
1986	ARGENTINA
1990	GERMANIA OVEST
1994	BRASILE
1998	FRANCIA
2002	BRASILE
2006	ITALIA
2010	SPAGNA
2014	GERMANIA
2018	FRANCIA
2022	

Tutti i dati sono aggiornati ai Mondiali 2018

CAMPIONI DEL MONDO	COPPE VINTE
Brasile: 1958 - 1962 - 1970 - 1994 - 2002	5
Italia: 1934 - 1938 - 1982 - 2006	4
Germania: 1954 - 1974 - 1990 - 2014	4
Uruguay: 1930 - 1950	2
Argentina: 1978 - 1986	2
Francia: 1998 - 2018	2
Inghilterra: 1966	1
Spagna: 2010	1

Classifica generale marcatori

1) **MIROSLAV KLOSE** (Germania): **16 gol** in 24 presenze
2) **RONALDO** (Brasile): **15 gol** in 19 presenze
3) **GERD MULLER** (Germania): **14 gol** in 13 presenze
4) **JUST FONTAINE** (Francia): **13 gol** in 6 presenze
5) **PELÉ (Brasile)**: **12 gol** in 14 presenze
6) **JURGEN KLINSMANN** (Germania): 11 gol in 17 presenze
6) **TEOFILO CUBILLAS** (Perù): **11 gol** in 13 presenze
6) **SANDOR KOCSIS** (Ungheria): **11 gol** in 5 presenze
9) **GRZEGORZ LATO** (Polonia): **10 gol** in 20 presenze
9) **THOMAS MULLER** (Germania): **10 gol** in 16 presenze
9) **GARY LINEKER** (Inghilterra): **10 gol** in 12 presenze
9) **GABRIEL OMAR BATISTUTA** (Argentina): **10 gol** in 12 presenze
9) **HELMUT RAHN** (Germania): **10 gol** in 10 presenze
14) **PAOLO ROSSI** (Italia): **9 gol** in 14 presenze
14) **ROBERTO BAGGIO** (Italia): **9 gol** in 16 presenze
14) **CHRISTIAN VIERI** (Italia): **9 gol** in 9 presenze
14) **UWE SEELER** (Germania): **9 gol** in 21 presenze
14) **KARL-HEINZ RUMMENIGGE** (Germania): **9 gol** in 19 presenze
14) **JAIRZINHO** (Brasile): **9 gol** in 16 presenze
14) **DAVID VILLA** (Spagna): **9 gol** in 12 presenze
14) **VAVÁ** (Brasile): **9 gol** in 10 presenze
14) **EUSEBIO** (Portogallo): **9 gol** in 6 presenze

Capocannonieri singoli Mondiali

Uruguay 1930 – **Stabile** (Argentina) con 8 reti
Italia 1934 – **Nejedly** (Cecoslovacchia) con 5 reti
Francia 1938 – **Leonidas** (Brasile) con 7 reti
Brasile 1950 – **Ademir** (Brasile) con 8 reti
Svizzera 1954 – **Kocsis** (Ungheria) con 11 reti
Svezia 1958 – **Fontaine** (Francia) con 13 reti
Cile 1962 – **Albert** (Ungheria), **Vavà e Garrincha** (Brasile), **Sanchez** (Cile), **Ivanov** (U.R.S.S.), **Jerkovic** (Jugoslavia) con 4 reti
Inghilterra 1966 – **Eusebio** (Portogallo) con 9 reti
Messico 1970 – **Muller** (Germania Ovest) con 10 reti
Germania Ovest 1974 – **Lato** (Polonia) con 7 reti
Argentina 1978 – **Kempes** (Argentina) con 6 reti
Spagna 1982 – **Rossi** (Italia) con 6 reti
Messico 1986 – **Lineker** (Inghilterra) 6 reti
Italia 1990 – **Schillaci** (Italia) con 6 reti
U.S.A. 1994 – **Stoickov** (Bulgaria) e **Salenko** (Russia) con 6 reti
Francia 1998 – **Suker** (Croazia) con 6 reti
Giappone e Corea del Sud 2002 – **Ronaldo** (Brasile) con 8 reti
Germania 2006 – **Klose** (Germania) con 5 reti
Sudafrica 2010 – **Muller** (Germania), **Villa** (Spagna), **Sneijder** (Olanda) e **Forlan** (Uruguay) con 5 reti
Brasile 2014 – **Rodriguez** (Colombia) con 6 reti
Russia 2018 – **Harry Kane** (Inghilterra) con 6 reti
Qatar 2022 ______________________________

1930 in Uruguay
Vincitore: **URUGUAY**

GRUPPO 1
FRANCIA - MESSICO 4-1
ARGENTINA - FRANCIA 1-0
CILE - MESSICO 3-0
ARGENTINA - MESSICO 6-3
CILE - FRANCIA 1-0
ARGENTINA - CILE 3-1
Qualificata: **ARGENTINA**

GRUPPO 2
JUGOSLAVIA - BRASILE 2-1
JUGOSLAVIA - BOLIVIA 4-0
BRASILE - BOLIVIA 4-0
Qualificata: **JUGOSLAVIA**

GRUPPO 3
ROMANIA - PERÙ 3-1
URUGUAY - PERÙ 1-0
URUGUAY - ROMANIA 4-0
Qualificata: **URUGUAY**

GRUPPO 4
STATI UNITI - BELGIO3-0
STATI UNITI - PARAGUAY 3-0
PARAGUAY - BELGIO 1-0
Qualificata: **STATI UNITI**

SEMIFINALI
ARGENTINA - STATI UNITI 6-1
URUGUAY- JUGOSLAVIA 6-1

FINALE
30/07/1930 **URUGUAY ARGENTINA 4-2**
12' Dorado (URU), 20' Peucelle (ARG), 38' Stabile (ARG), 58' Cea (URU), 68' Iriarte (URU) 89' Castro (URU)

CLASSIFICA FINALE

1° URUGUAY 2° Argentina 3° Stati Uniti e Jugoslavia

1934 in Italia
Vincitore: **ITALIA**

OTTAVI DI FINALE

ITALIA - STATI UNITI 7-1
18' 29' e 64' Schiavio (ITA), 20' Orsi (ITA), 57' Donelli (USA),
63' Ferrari (ITA), 69' Orsi (ITA), 90' Meazza (ITA)
SVIZZERA - OLANDA 3-2
CECOSLOVACCHIA - ROMANIA 2-1
UNGHERIA - EGITTO 4-2
SPAGNA - BRASILE 3-1
GERMANIA - BELGIO 5-2
AUSTRIA - FRANCIA 3-2 d.t.s.
SVEZIA - ARGENTINA 3-2
Qualificate: ITALIA - CECOSLOVACCHIA - UNGHERIA - SPAGNA - GERMANIA - AUSTRIA - SVEZIA - SVIZZERA

QUARTI DI FINALE

ITALIA - SPAGNA 1-1 d.t.s.
29' Regueiro (SPA), 44' Ferrari (ITA)
GERMANIA - SVEZIA 2-1
AUSTRIA - UNGHERIA 2-1
CECOSLOVACCHIA - SVIZZERA 3-2
ITALIA - SPAGNA (Ripetizione) 1-0 12' Meazza
Qualificate: GERMANIA - AUSTRIA - CECOSLOVACCHIA - ITALIA

SEMIFINALI

ITALIA - AUSTRIA 1-0
21' Guaita
CECOSLOVACCHIA - GERMANIA 3-1

FINALE 3° POSTO

GERMANIA - AUSTRIA 3-2

FINALE

10/06/1934

ITALIA - CECOSLOVACCHIA 2-1 d.t.s.

71' Puc (TCH), 81' Orsi (ITA), 95' Schiavio (ITA)

ITALIA: Combi, Monzeglio, Allemandi, Ferraris IV, Monti, Bertolini, Guaita, Meazza, Schiavio, Ferrari, Orsi
Allenatore: Pozzo
CECOSLOVACCHIA: Planicka, Zenisek, Ctyroki, Kostalek, Cambal, Krcil, Junek, Svoboda, Sobotka, Nejedly, Puc
Allenatore: Petru
Arbitro: Eklind (Svezia) - Spettatori: 45.000
Stadio Fascista Roma

CLASSIFICA FINALE

1° ITALIA
2° Cecoslovacchia
3° Germania
4° Austria

1938 in Francia
Vincitore: **ITALIA**

OTTAVI DI FINALE

GERMANIA - SVIZZERA 1-1 d.t.s.
ITALIA - NORVEGIA 2-1 d.t.s.
2' Ferraris II (ITA), 83' Brustad (NOR), 94' Piola (ITA)
CUBA - ROMANIA 3-3 d.t.s.
UNGHERIA - INDIE OLANDESI 6-0
CECOSLOVACCHIA - OLANDA 3-0 d.t.s.
BRASILE - POLONIA 6-5 d.t.s.
SVEZIA - AUSTRIA 2-1N.D.
NON DISPUTATO per la rinuncia dell' Austria
CUBA - ROMANIA (Ripetizione) 2-1
GERMANIA - SVIZZERA (Ripetizione) 2-4
Qualificate: **ITALIA - FRANCIA - UNGHERIA - CECOSLOVACCHIA - BRASILE - SVEZIA - CUBA - SVIZZERA**

QUARTI DI FINALE

ITALIA - FRANCIA 3-1
9' Colaussi (ITA), 10' Heisserer (FRA), 52' e 72' Piola (ITA)
BRASILE - CECOSLOVACCHIA 1-1 d.t.s.
UNGHERIA - SVIZZERA 2-0
SVEZIA - CUBA 8-0
BRASILE - CECOSLOVACCHIA (Ripetizione) 2-1

SEMIFINALI

ITALIA - BRASILE 2-1

55' Colaussi (ITA), 60' rig. Meazza (ITA), Romeu (BRA)

UNGHERIA - SVEZIA 5-1

FINALE 3° POSTO

BRASILE - SVEZIA 4-2

FINALE

19/06/1938

ITALIA - UNGHERIA 4-2 d.t.s.

6' Colaussi (ITA), 8' Titkos (HUN), 16' Piola (ITA),
35' Colaussi (ITA), 70' Sarosi (HUN), 82' Piola (ITA)

ITALIA: Olivieri; Foni, Rava, Serantoni, Andreolo, Locatelli, Biavati, Meazza, Piola, Ferrari, Colaussi - Allenatore: Pozzo

UNGHERIA: Szabo; Polger, Biro, Szalay, Szucs, Lazar; Sas, Vincze, Sarosi, Szengeller, Titkos - Allenatore: Schaffer

Arbitro: Capdeville (Francia) - Spettatori: 60.000

Stade Olympique de Colombes - Parigi

CLASSIFICA FINALE

1° ITALIA

2° Ungheria

3° Brasile

4° Svezia

1950 in Brasile
Vincitore: **URUGUAY**

GRUPPO 1
BRASILE - MESSICO 4-0
JUGOSLAVIA - SVIZZERA 3-0
BRASILE - SVIZZERA 2-2
JUGOSLAVIA - MESSICO 4-1
BRASILE - JUGOSLAVIA 2-0
SVIZZERA - MESSICO 2-1
Qualificato: BRASILE

GRUPPO 2
SPAGNA - STATI UNITI 3-1
INGHILTERRA - CILE 2-0
STATI UNITI - INGHILTERRA 1-0
SPAGNA - CILE 2-0
SPAGNA - INGHILTERRA 1-0
CILE - STATI UNITI 5-2
Qualificata: SPAGNA

GRUPPO 3
SVEZIA - **ITALIA** 3-2
7' Carapellese (ITA), 25' Jeppson (SWE), 33' Andersson (SWE), 68' Jeppson (SWE), 75' Muccinelli (ITA)
SVEZIA - PARAGUAY 2-2
ITALIA - PARAGUAY 2-0
12' Carapellese, 62' Pandolfini
Qualificata: SVEZIA
Ritirata: INDIA

GRUPPO 4
URUGUAY - BOLIVIA 8-0
Qualificata: URUGUAY
Ritirate: SCOZIA e TURCHIA

GIRONE FINALE

SPAGNA - URUGUAY 2-2
BRASILE - SVEZIA 7-1
BRASILE - SPAGNA 6-1
URUGUAY - SVEZIA 3-2
SVEZIA - SPAGNA 3-1

16/07/1950

BRASILE - URUGUAY (Partita decisiva) 1-2

46' Friaça (BRA), 58' Schiaffino (URU), 61' Ghiggia (URU)

CLASSIFICA FINALE

1° URUGUAY
2° Brasile
3° Svezia
4° Spagna

1954 in Svizzera
Vincitore: **GERMANIA OVEST**

GRUPPO 1
JUGOSLAVIA - FRANCIA 1-0
BRASILE - MESSICO 5-0
FRANCIA - MESSICO 3-2
BRASILE - JUGOSLAVIA 1-1 d.t.s.
Qualificate: BRASILE - JUGOSLAVIA

GRUPPO 2
UNGHERIA - COREA DEL SUD 9-0
GERMANIA OVEST - TURCHIA 4-1
TURCHIA - COREA DEL SUD 7-0
UNGHERIA - GERMANIA OVEST 8-3
GERMANIA OVEST - TURCHIA (Spareggio) 7-2
Qualificate: UNGHERIA
GERMANIA OVEST

GRUPPO 3
URUGUAY - CECOSLOVACCHIA 2-0
AUSTRIA - SCOZIA 1-0
URUGUAY - SCOZIA 7-0
AUSTRIA - CECOSLOVACCHIA 5-0
Qualificate: URUGUAY - AUSTRIA

GRUPPO 4
SVIZZERA - **ITALIA** 2-1
17' Ballaman (SUI), 44' Boniperti (ITA), 78' Hügi II (SUI)
INGHILTERRA - BELGIO 4-4 d.t.s.
ITALIA - BELGIO 4-1
40' Pandolfini (ITA), 48' Galli (ITA), 58' Frignani (ITA), 78' Lorenzi (ITA), 81' Anoul (BEL)
INGHILTERRA - SVIZZERA 2-0
SVIZZERA - **ITALIA** (Spareggio) 4-1
14' e 85 Hügi II (SUI), 48' Ballaman (SUI), 67' Nesti (ITA), 90' Fatton (SUI)
Qualificate: INGHILTERRA - SVIZZERA

QUARTI DI FINALE

AUSTRIA - SVIZZERA 7-5

URUGUAY - INGHILTERRA 4-2

UNGHERIA - BRASILE 4-2

GERMANIA OVEST- JUGOSLAVIA 2-0

Qualificate: AUSTRIA - URUGUAY - UNGHERIA
GERMANIA OVEST

SEMIFINALI

UNGHERIA - URUGUAY 4-2 d.t.s.

GERMANIA OVEST- AUSTRIA 6-1

FINALE 3° POSTO

AUSTRIA - URUGUAY 3-1

FINALE

04/07/1954

GERMANIA OVEST- UNGHERIA 3-2

6' Puskas (HUN), 9' Czibor (HUN), 11' Morlock (FRG),
18' e 84' Rahn (FRG)

CLASSIFICA FINALE

1° GERMANIA OCC.

2° Ungheria

3° Austria

4° Uruguay

1958 in Svezia
Vincitore: **BRASILE**

GRUPPO 1

GERMANIA OVEST - ARGENTINA 3-1
IRLANDA DEL NORD - CECOSLOVACCHIA 1-0
CECOSLOVACCHIA - GERMANIA OVEST 2-2
ARGENTINA - IRLANDA DEL NORD 3-1
CECOSLOVACCHIA - ARGENTINA 6-1
GERMANIA OVEST - IRLANDA DEL NORD 2-2
Qualificate: GERMANIA OVEST - IRLANDA DEL NORD

GRUPPO 2

JUGOSLAVIA - SCOZIA 1-1
FRANCIA - PARAGUAY 7-3
JUGOSLAVIA - FRANCIA 3-2
PARAGUAY - SCOZIA 3-2
JUGOSLAVIA - PARAGUAY 3-3
FRANCIA - SCOZIA 2-1
Qualificate:
FRANCIA - JUGOSLAVIA

GRUPPO 3

GALLES - UNGHERIA 1-1
SVEZIA - MESSICO 3-0
MESSICO - GALLES 1-1
SVEZIA - UNGHERIA 2-1
SVEZIA - GALLES 0-0
UNGHERIA - MESSICO 4-0
Qualificate: SVEZIA - GALLES

GRUPPO 4

INGHILTERRA - URSS 2-2

BRASILE - AUSTRIA 3-0

BRASILE - INGHILTERRA 0-0

URSS - AUSTRIA2-0

BRASILE - URSS2-0

AUSTRIA - INGHILTERRA 2-2

Qualificate: BRASILE - URSS

QUARTI DI FINALE

GERMANIA OVEST - JUGOSLAVIA 1-0

FRANCIA - IRLANDA DEL NORD 4-0

BRASILE - GALLES 1-0

SVEZIA - URSS 2-0

SEMIFINALI

SVEZIA - GERMANIA OVEST 3-1

BRASILE - FRANCIA 5-2

FINALE 3° POSTO

FRANCIA - GERMANIA OVEST 6-3

FINALE

29/06/1958

BRASILE - SVEZIA 5-2

4' Liedholm (SWE), 9' e 32' Vavá (BRA), 55' e 90' Pelé (BRA) ,
68' Zagalo (BRA) 80' Simonsson (SWE)

CLASSIFICA FINALE

1° BRASILE

2° Svezia

3° Francia

4° Germania Ovest

1962 in Cile
Vincitore: BRASILE

GRUPPO 1
URUGUAY - COLOMBA 2-1
URSS - JUGOSLAVIA 2-0
JUGOSLAVIA - URUGUAY 3-1
URSS - COLOMBA 4-4
URSS - URUGUAY 2-1
JUGOSLAVIA - COLOMBA 5-0
Qualificate: URSS - JUGOSLAVIA

GRUPPO 2
CILE - SVIZZERA 3-1
ITALIA - GERMANIA O. 0-0
CILE - **ITALIA** 2-0
74' Ramírez, 87' Toro
GERMANIA O. - SVIZZERA 2-1
GERMANIA O. - CILE 2-0
ITALIA - SVIZZERA 3-0
3' Mora, 65' e 68' Bulgarelli
Qualificate: GERMANIA OVEST - CILE

GRUPPO 3
BRASILE - MESSICO 2-0
CECOSLOVACCHIA - SPAGNA 1-0
BRASILE - CECOSLOVACCHIA 0-0
SPAGNA- MESSICO 1-0
BRASILE - SPAGNA 2-1
MESSICO - CECOSLOVACCHIA 3-1
Qualificate: BRASILE CECOSLOVACCHIA

GRUPPO 4
ARGENTINA - BULGARIA 1-0
UNGHERIA - INGHILTERRA 2-1
INGHILTERRA - ARGENTINA 3-1
UNGHERIA - BULGARIA 6-1
UNGHERIA - ARGENTINA 0-0
BULGARIA - INGHILTERRA 0-0
Qualificate: UNGHERIA INGHILTERRA

QUARTI DI FINALE

CILE - URSS 2-1

BRASILE - INGHILTERRA 3-1

CECOSLOVACCHIA - UNGHERIA 1-0

JUGOSLAVIA - GERMANIA OVEST 1-0

SEMIFINALI

CECOSLOVACCHIA - JUGOSLAVIA 3-1

BRASILE - CILE 4-2

FINALE 3° POSTO

CILE- JUGOSLAVIA 1-0

FINALE

17/06/1962

BRASILE - CECOSLOVACCHIA 3-1

15' Masopust (TCH), 17' Amarildo (BRA), 69' Zito (BRA), 78' Vavá (BRA)

CLASSIFICA FINALE

1° BRASILE

2° Cecoslovacchia

3° Cile

4° Jugoslavia

1966 in Inghilterra
Vincitore: **INGHILTERRA**

GRUPPO 1
INGHILTERRA - URUGUAY 0-0
FRANCIA - MESSICO 1-1
URUGUAY - FRANCIA 2-1
INGHILTERRA - MESSICO 2-0
MESSICO - URUGUAY 0-0
INGHILTERRA - FRANCIA 2-0
Qualificate: INGHILTERRA
URUGUAY

GRUPPO 2
GERMANIA O. - SVIZZERA 5-0
ARGENTINA - SPAGNA 2-1
SPAGNA - SVIZZERA 2-1
GERMANIA O. - ARGENTINA 0-0
ARGENTINA - SVIZZERA 2-0
GERMANIA O. - SPAGNA 2-1
Qualificate: GERMANIA OVEST
ARGENTINA

GRUPPO 3
BRASILE - BULGARIA 2-0
PORTOGALLO - UNGHERIA 3-1
UNGHERIA - BRASILE 3-1
PORTOGALLO - BULGARIA 3-0
PORTOGALLO - BRASILE 3-1
UNGHERIA - BULGARIA 3-1
Qualificate: PORTOGALLO - UNGHERIA

GRUPPO 4
URSS - COREA DEL NORD 3-0
ITALIA - CILE 2-0
10' Mazzola, 80' Barison
CILE- COREA DEL NORD 1-1
URSS-- **ITALIA** 1-0
58' Cislenko
COREA DEL NORD - **ITALIA** 1-0
41' Pak Doo Ik
URSS - CILE 2-1
Qualificate: URSS - COREA DEL NORD

QUARTI DI FINALE

INGHILTERRA - ARGENTINA 1-0
PORTOGALLO - COREA DEL NORD 5-3
URSS - UNGHERIA 2-1
GERMANIA OVEST - URUGUAY 4-0

SEMIFINALI

GERMANIA OVEST - URSS 2-1
INGHILTERRA - PORTOGALLO 2-1

FINALE 3° POSTO

28/07/1966
PORTOGALLO - URSS 2-1

FINALE

30/07/1966

INGHILTERRA - GERMANIA O. 4-2 d.t.s.

12' Haller (FRG), 18' 101' e 120' Hurst (ENG),
78' Peters (ENG), 90' Weber (FRG),

CLASSIFICA FINALE

1° INGHILTERRA
2° Germania Ovest
3° Portogallo
4° Urss

1970 in Messico
Vincitore: **BRASILE**

GRUPPO 1
MESSICO - URSS 0-0
BELGIO - EL SALVADOR 3-0
URSS - BELGIO 4-1
MESSICO - EL SALVADOR 4-0
URSS - EL SALVADOR 2-0
MESSICO - BELGIO 1-0
Qualificate: URSS - MESSICO

GRUPPO 2
URUGUAY - ISRAELE 2-0
ITALIA - SVEZIA 1-0
11' Domenghini
ITALIA - URUGUAY 0-0
SVEZIA - ISRAELE 1-1
SVEZIA - URUGUAY 1-0
ITALIA - ISRAELE 0-0
Qualificate: **ITALIA** - URUGUAY

GRUPPO 3
INGHILTERRA - ROMANIA 1-0
BRASILE - CECOSLOVACCHIA 4-1
ROMANIA - CECOSLOVACCHIA 2-1
BRASILE - INGHILTERRA 1-0
BRASILE - ROMANIA 3-2
INGHILTERRA - CECOSLOVACCHIA 1-0
Qualificate: BRASILE - INGHILTERRA

GRUPPO 4
PERU' - BULGARIA 3-2
GERMANIA O. - MAROCCO 2-1
PERU' - MAROCCO 3-0
GERMANIA O. - BULGARIA 5-2
GERMANIA O. - PERU' 3-2
BULGARIA - MAROCCO 1-1
Qualificate: GERMANIA OVEST - PERU'

QUARTI DI FINALE

ITALIA - MESSICO 4-1
13' Gonzalez (MEX), 25' aut. Peña (MEX), 64' 76' Riva (ITA), 69' Rivera (ITA)
GERMANIA OVEST - INGHILTERRA 3-2 d.t.s.
BRASILE - PERù 4-2
URUGUAY - URSS 1-0 d.t.s.

SEMIFINALI

ITALIA - GERMANIA OVEST 4-3 d.t.s.
7' Boninsegna (ITA), 90' Schnellinger (RFG), 95' e 110' Müller (RFG), 98' Burgnich (ITA), 103' Riva (ITA), 112' Rivera (ITA)
BRASILE - URUGUAY 3-1

FINALE 3° POSTO

GERMANIA OVEST - URUGUAY 1-0

FINALE

21/06/1970 Estadio Azteca - Città del Messico

BRASILE - ITALIA 4-1

BRASILE: Félix; Carlos Alberto, Piazza, Brito, Everaldo, Clodoaldo, Gérson, Rivelino, Jairzinho, Tostao, Pelé - Allenatore: Zagalo
ITALIA: Albertosi, Burgnich, Cera, Bertini, Rosato, Facchetti, Domenghini, De Sisti, Mazzola, Boninsegna, Riva - All: Valcareggi
Reti: 18' Pelé (BRA), 37' Boninsegna (ITA) , 66' Gérson (BRA), 71' Jairzinho (BRA) , 87' Carlos Alberto (BRA)
Arbitro: Glöckner (Germania Ovest) - Spettatori: 108.000

CLASSIFICA FINALE

1° BRASILE
2° Italia
3° Germania Ovest
4° Uruguay

1974 in Germania Ovest
Vincitore: **GERMANIA OVEST**

PRIMA FASE A GIRONI

GRUPPO 1
GERMANIA EST- AUSTRALIA 2-0
GERMANIA O. - CILE 1-0
GERMANIA O. - AUSTRALIA 3-0
CILE - GERMANIA EST 1-1
AUSTRALIA - CILE 0-0
GERMANIA EST - GERMANIA O. 1-0
Qualificate: GERMANIA EST - GERMANIA OVEST

GRUPPO 2
BRASILE - JUGOSLAVIA 0-0
SCOZIA - ZAIRE 2-0
JUGOSLAVIA - ZAIRE 9-0
SCOZIA - BRASILE 0-0
BRASILE - ZAIRE 3-0
JUGOSLAVIA - SCOZIA 1-1
Qualificate: JUGOSLAVIA - BRASILE

GRUPPO 3
SVEZIA - BULGARIA 0-0
OLANDA - URUGUAY 2-0
BULGARIA - URUGUAY 1-1
OLANDA - SVEZIA 0-0
OLANDA - BULGARIA 4-1
SVEZIA - URUGUAY 3-0
Qualificate: OLANDA - SVEZIA

GRUPPO 4
ITALIA - HAITI 3-1
46' Sanon (HAI), 52' Rivera (ITA), 64' aut. Auguste (HAI), 78' Anastasi (ITA)
POLONIA - ARGENTINA 3-2
ITALIA - ARGENTINA 1-1
20' Houseman, 35' aut. Perfumo
POLONIA - HAITI 7-0
ITALIA - POLONIA 1-2
38' Szarmach, 44' Deyna , 85' Capello
ARGENTINA - HAITI 4-1
Qualificate: POLONIA - ARGENTINA

SECONDA FASE A GIRONI

GRUPPO A

BRASILE - GERMANIA EST 1-0
OLANDA - ARGENTINA 4-0
BRASILE - ARGENTINA 2-1
OLANDA - GERMANIA EST 2-0
ARGENTINA - GERMANIA EST 1-1
OLANDA - BRASILE 2-0

GRUPPO B

GERMANIA OVEST - JUGOSLAVIA 2-0
POLONIA - SVEZIA 1-0
POLONIA - JUGOSLAVIA 2-1
GERMANIA OVEST - SVEZIA 4-2
SVEZIA - JUGOSLAVIA 2-1
GERMANIA OVEST - POLONIA 1-0
Accedono alla finale: OLANDA - GERMANIA OVEST

FINALE 3° POSTO

POLONIA - BRASILE 1-0

FINALE

GERMANIA OVEST - OLANDA 2-1
2' rig. Neeskens (Ola), 25' rig. Breitner (Ger), 43' Müller (Ger)

CLASSIFICA FINALE

1° GERMANIA OVEST
2° Olanda
3° Polonia
4° Brasile

1978 in Argentina
Vincitore: ARGENTINA

PRIMA FASE A GIRONI

GRUPPO 1
ITALIA - FRANCIA 2-1
1' Lacombe (FRA), 29' Rossi (ITA), 54' Zaccarelli (ITA)
ARGENTINA - UNGHERIA 2-1
ITALIA - UNGHERIA 3-1
34' Rossi (ITA), 35' Bettega (ITA), 61' Benetti (ITA), 81' rig. A. Toth
ARGENTINA - FRANCIA 2-1
ITALIA - ARGENTINA 1-0
67' Bettega
FRANCIA - UNGHERIA 3-1
Qualificate: **ITALIA** - ARGENTINA

GRUPPO 2
GERMANIA O. - POLONIA 0-0
POLONIA - MESSICO 3-1
GERMANIA O. - MESSICO 6-0
POLONIA - TUNISIA 1-0
TUNISIA - GERMANIA O. 0-0
POLONIA - MESSICO 3-1
Qualificate: POLONIA - GERMANIA O.

GRUPPO 3
AUSTRIA - SPAGNA 2-1
BRASILE - SVEZIA 1-1
AUSTRIA - SVEZIA 1-0
BRASILE - SPAGNA 0-0
SPAGNA - SVEZIA 1-0
BRASILE - AUSTRIA 1-0
Qualificate: AUSTRIA - BRASILE

GRUPPO 4
PERU' - SCOZIA 3-1
OLANDA - IRAN 3-0
SCOZIA - IRAN 1-1
OLANDA - PERU' 0-0
PERU' - IRAN 4-1
SCOZIA - OLANDA 3-2
Qualificate: PERU' - OLANDA

SECONDA FASE A GIRONI

GRUPPO A
GERMANIA OVEST - **ITALIA** 0-0
OLANDA - AUSTRIA 5-1
ITALIA - AUSTRIA 1-0 - 12' Rossi
GERMANIA OVEST - OLANDA 2-2
OLANDA - **ITALIA** 2-1
19' aut. Brandts, 50' Brandts, 76' Haan
AUSTRIA - GERMANIA OVEST 3-2

GRUPPO B
ARGENTINA - POLONIA 2-0
BRASILE - PERU' 1-0
ARGENTINA - BRASILE 0-0
POLONIA - PERU' 1-2
ARGENTINA - PERU' 6-0
BRASILE - POLONIA 3-1
Accedono alla finale: OLANDA - ARGENTINA

FINALE 3° POSTO
BRASILE - **ITALIA** 2-1
38' Causio (ITA), 63' Nelinho (BRA), 70' Dirceu (BRA)

FINALE 25/06/1978
ARGENTINA - OLANDA 3-1 d.t.s.
38' e 104' Kempes (ARG), 82' Nanninga (NED),
114' Bertoni (ARG)

CLASSIFICA FINALE

1° ARGENTINA
2° Olanda
3° Brasile
4° Italia

1982 in Spagna
Vincitore: **ITALIA**

PRIMA FASE A GIRONI

GRUPPO 1
ITALIA - POLONIA 0-0
PERU' - CAMERUN 0-0
ITALIA - PERU' 1-1
19' Conti (ITA), 83' Diaz (PER)
POLONIA - CAMERUN 0-0
POLONIA - PERU' 5-1
ITALIA - CAMERUN 1-1
60' Graziani (ITA), 61' M'Bida
Qualificate: POLONIA - **ITALIA**

GRUPPO 2
GERMANIA O. - ALGERIA 1-2
AUSTRIA - CILE 1-0
GERMANIA OVEST - CILE 4-1
AUSTRIA - ALGERIA 2-0
ALGERIA - CILE 3-2
GERMANIA O. - AUSTRIA 1-0
Qualificate: GERMANIA OVEST - AUSTRIA

GRUPPO 3
BELGIO - ARGENTINA 1-0
UNGHERIA - EL SALVADOR 10-1
ARGENTINA - UNGHERIA 4-1
BELGIO - EL SALVADOR 1-0
BELGIO - UNGHERIA 1-1
ARGENTINA - EL SALVADOR 2-0
Qualificate: BELGIO - ARGENTINA

GRUPPO 4
INGHILTERRA - FRANCIA 3-1
CECOSLOVACCHIA - KUWAIT 1-1
INGHILTERRA - CECOSLOVACCHIA 2-0
FRANCIA - KUWAIT 4-1
FRANCIA - CECOSLOVACCHIA 1-1
INGHILTERRA - KUWAIT 1-0
Qualificate: INGHILTERRA - FRANCIA

GRUPPO 5

SPAGNA - HONDURAS 1-1
JUGOSLAVIA - IRLANDA 0-0
SPAGNA - JUGOSLAVIA 2-1
HONDURAS - JUGOSLAVIA 0-1
HONDURAS - IRLANDA DEL NORD 1-1
SPAGNA - IRLANDA DEL NORD 0-1
Qualificate: IRLANDA N. - SPAGNA

GRUPPO 6

BRASILE - URSS 2-1
SCOZIA - NUOVA ZELANDA 5-2
BRASILE - SCOZIA 4-1
URSS - NUOVA ZELANDA 3-0
URSS - SCOZIA 2-2
BRASILE - NUOVA ZELANDA 4-0
Qualificate: BRASILE - URSS

SECONDA FASE A GIRONI

GRUPPO A

POLONIA - BELGIO 3-0
URSS - BELGIO 1-0
URSS - POLONIA 0-0
Qualificata: POLONIA

GRUPPO B

GERMANIA O. - INGHILTERRA 0-0
GERMANIA O. - SPAGNA 2-1
INGHILTERRA - SPAGNA 0-0
Qualificata: GERMANIA O.

GRUPPO C

ITALIA - ARGENTINA 2-1
56' Tardelli (ITA), 68' Cabrini (ITA), 84' Passarella (ARG)
02/07/1982
BRASILE - ARGENTINA 3-1
ITALIA - BRASILE 3-2
5' Rossi (ITA), 12' Socrates (BRA), 25' Rossi (ITA), 68' Falcão (BRA), 75' Rossi (ITA)
Qualificata: ITALIA

GRUPPO D

FRANCIA - AUSTRIA 1-0
IRLANDA N - AUSTRIA 2-2
FRANCIA - IRLANDA N . 4-1
Qualificata: FRANCIA

SEMIFINALI

ITALIA - POLONIA 2-0 - 22' e 72' Rossi
GERMANIA OVEST - FRANCIA 3-3 (8-7 d.c.r.)

FINALE 3° POSTO: POLONIA - FRANCIA 3-2

FINALE 11/07/1982 - **ITALIA** - GERMANIA OVEST 3-1

Italia: Zoff; Gentile, Cabrini, Bergomi, Collovati, Scirea, Conti, Tardelli, Rossi, Oriali, Graziani - Allenatore: Bearzot

GERMANIA OVEST: Schumacher; Kaltz, Forster, Stielike, Briegel, Forster,Dremmler, Breitner, Rummenigge, Littbarski, Fischer - All.: Derwall

57' Rossi (ITA), 69' Tardelli (ITA), 81' Altobelli (ITA), 83' Breitner

CLASSIFICA FINALE

1° ITALIA 2° Germania O. 3° Polonia 4° Francia

1986 in Messico
Vincitore: **ARGENTINA**

PRIMA FASE A GIRONI

GRUPPO A

ITALIA - BULGARIA 1-1
43' Altobelli (ITA), 85' Sirakov
ARGENTINA - COREA DEL SUD 3-1
ITALIA - ARGENTINA 1-1
6' rig. Altobelli , 34' Maradona
BULGARIA - COREA DEL SUD 1-1
ITALIA - COREA DEL SUD 3-2
18' e 73' Altobelli, 62' Choi Soon Ho, 82' aut. Cho Kwang Rae , 89' Huh Jung Moo
ARGENTINA - BULGARIA 2-0
Qualificate: ARGENTINA - **ITALIA**

GRUPPO B

MESSICO - BELGIO 2-1
PARAGUAY - IRAQ 1-0
MESSICO - PARAGUAY 1-1
BELGIO - IRAQ 2-1
MESSICO - IRAQ 1-0
BELGIO - PARAGUAY 2-2
Qualificate: MESSICO - PARAGUAY - BELGIO

GRUPPO C

FRANCIA - CANADA 1-0
URSS - UNGHERIA 6-0
FRANCIA - URSS 1-1
UNGHERIA - CANADA 2-0
URSS - CANADA 2-0
FRANCIA - UNGHERIA 3-0
Qualificate: URSS - FRANCIA

GRUPPO D

BRASILE - SPAGNA 1-0
ALGERIA - IRLANDA DEL NORD 1-1
BRASILE - ALGERIA 1-0
SPAGNA - IRLANDA DEL NORD 2-1
BRASILE - IRLANDA DEL NORD 3-0
SPAGNA - ALGERIA 3-0
Qualificate: BRASILE - SPAGNA

GRUPPOE

DANIMARCA - SCOZIA 1-0
GERMANIA OVEST - URUGUAY 1-1
GERMANIA OVEST - SCOZIA 2-1
DANIMARCA - URUGUAY 6-1
SCOZIA - URUGUAY 0-0
DANIMARCA - GERMANIA O. 2-0
Qualificate: DANIMARCA - GERMANIA OVEST - URUGUAY

GRUPPOF

POLONIA - MAROCCO 0-'0
PORTOGALLO - INGHILTERRA 1-0
INGHILTERRA - MAROCCO 0-0
POLONIA - PORTOGALLO 1-0
MAROCCO - PORTOGALLO 3-1
INGHILTERRA - POLONIA 3-0
Qualificate: MAROCCO - INGHILTERRA - POLONIA

OTTAVI DI FINALE

MESSICO - BULGARIA 2-0
BELGIO - URSS 4-3 d.t.s.
ARGENTINA - URUGUAY 1-0
BRASILE - POLONIA 4-0
FRANCIA - **ITALIA** 2-0
14' Platini, 57' Stopyra
GERMANIA OVEST - MAROCCO 1-0
SPAGNA - DANIMARCA 5-1
INGHILTERRA - PARAGUAY 3-0

QUARTI DI FINALE

GERMANIA O. - MESSICO 4-1 d.c.r.
FRANCIA - BRASILE 5-4 d.c.r.
ARGENTINA - INGHILTERRA 2-1
BELGIO - SPAGNA 5-4 d.c.r.

SEMIFINALI

GERMANIA O. - FRANCIA 2-0
ARGENTINA - BELGIO 2-0

FINALE 3° POSTO

FRANCIA - BELGIO 4-2 d.t.s.

FINALE

ARGENTINA - GERMANIA OVEST 3-2

22' Brown (ARG), 55' Valdano (ARG), 74' Rummenigge (FRG), 82' Völler (FRG), 88' Burruchaga (ARG)

CLASSIFICA FINALE

1° ARGENTINA 2° Germania O. 3° Francia 4° Belgio

1990 in Italia
Vincitore: GERMANIA

GRUPPO A
ITALIA - AUSTRIA 1-0
79' Schillaci
CECOSLOVACCHIA - USA 5-1
ITALIA - USA 1-0 - 11' Giannini
CECOSLOVACCHIA - AUSTRIA 1-0
ITALIA - CECOSLOVACCHIA 2-0
9' Schillaci, 78' Baggio
AUSTRIA - USA 2-1
Qualificate: **ITALIA** - CECOSLOVACCHIA

GRUPPO B
ROMANIA - URSS 2-0
CAMERUN - ARGENTINA 1-0
ARGENTINA - URSS 2-0
CAMERUN - ROMANIA 2-1
ARGENTINA - ROMANIA 1-1
URSS - CAMERUN 4-0
Qualificate: CAMERUN - ROMANIA - ARGENTINA

GRUPPO C
BRASILE - SVEZIA 2-1
COSTA RICA - SCOZIA 1-0
SCOZIA - SVEZIA 2-1
BRASILE - COSTA RICA 1-0
BRASILE - SCOZIA 1-0
COSTA RICA - SVEZIA 2-1
Qualificate: BRASILE - COSTA RICA

GRUPPO D
EMIRATI ARABI - COLOMBIA 0-2
GERMANIA - JUGOSLAVIA 4-1
JUGOSLAVIA - COLOMBIA 1-0
GERMANIA - EMIRATI ARABI 5-1
JUGOSLAVIA - EMIRATI ARABI 4-1
GERMANIA - COLOMBIA 1-1
Qualificate: GERMANIA - JUGOSLAVIA - COLOMBIA

GRUPPO E
BELGIO - COREA DEL SUD 2-0
URUGUAY - SPAGNA 0-0
SPAGNA - COREA DEL SUD 3-1
BELGIO - URUGUAY 3-1
URUGUAY - COREA DEL SUD 1-0
SPAGNA - BELGIO 2-1
Qualificate: SPAGNA - BELGIO - URUGUAY

GRUPPO F
INGHILTERRA - IRLANDA 1-1
OLANDA - EGITTO 1-1
INGHILTERRA - OLANDA 0-0
IRLANDA - EGITTO 0-0
INGHILTERRA - EGITTO 1-0
OLANDA - IRLANDA 1-1
Qualificate: INGHILTERRA - OLANDA - IRLANDA

OTTAVI DI FINALE
CECOSLOVACCHIA - COSTARICA 4-1
CAMERUN - COLOMBIA 2-1 d.t.s.
BRASILE - ARGENTINA 0-1
GERMANIA - OLANDA 2-1
ITALIA - URUGUAY 2-0
65' Schillaci, 83' Serena
IRLANDA - ROMANIA 5-4 d.c.r.
INGHILTERRA - BELGIO 1-0 d.t.s.
JUGOSLAVIA - SPAGNA 2-1 d.t.s.

QUARTI DI FINALE
ITALIA - IRLANDA 1-0
38' Schillaci
ARGENTINA - JUGOSLAVIA 3-2 d.c.r.
INGHILTERRA - CAMERUN 3-2 d.t.s.
GERMANIA - CECOSLOVACCHIA 1-0

SEMIFINALI
ITALIA - ARGENTINA 4-5 d.c.r.
17' Schillaci (ITA), 68' Caniggia
GERMANIA - INGHILTERRA 5-4 d.t.s.

FINALE 3° POSTO
ITALIA - INGHILTERRA 4-2
72' Baggio (ITA), 82' Platt (ENG), 86' rig. Schillaci (ITA)

FINALE
08/07/1990
GERMANIA - ARGENTINA 1-0
84' rig. Brehme

CLASSIFICA FINALE
1° GERMANIA 2° Argentina 3° Italia 4° Inghilterra

1994 negli U.S.A.
Vincitore: **BRASILE**

GRUPPO A

STATI UNITI - SVIZZERA	1-1
COLOMBIA - ROMANIA	1-3
STATI UNITI - COLOMBIA	2-1
ROMANIA - SVIZZERA	1-4
SVIZZERA - COLOMBIA	0-2
STATI UNITI - ROMANIA	0-1

Qualificate: ROMANIA - SVIZZERA - STATI UNITI

GRUPPO B

SVEZIA - CAMERUN	2-2
BRASILE - RUSSIA	2-0
BRASILE - CAMERUN	3-0
SVEZIA - RUSSIA	3-1
RUSSIA - CAMERUN	6-1
BRASILE - SVEZIA	1-1

Qualificate: BRASILE - SVEZIA

GRUPPO C

SPAGNA - COREA DEL SUD	2-2
GERMANIA - BOLIVIA	1-0
GERMANIA - SPAGNA	1-1
COREA DEL SUD - BOLIVIA	0-0
GERMANIA - COREA DEL SUD	3-2
BOLIVIA - SPAGNA	1-3

Qualificate: GERMANIA - SPAGNA

GRUPPO D

NIGERIA - BULGARIA	3-0
ARGENTINA - GRECIA	4-0
ARGENTINA - NIGERIA	2-1
BULGARIA - GRECIA	4-0
NIGERIA - GRECIA	2-0
BULGARIA - ARGENTINA	2-0

Qualificate: NIGERIA - BULGARIA - ARGENTINA

GRUPPO E

ITALIA - IRLANDA 0-1
11' Houghton
NORVEGIA - MESSICO 1-0
ITALIA - NORVEGIA 1-0
69' D. Baggio
MESSICO - IRLANDA 2-1
ITALIA - MESSICO 1-1
48' Massaro (ITA), 58' Bernal
Qualificate: MESSICO - IRLANDA - **ITALIA**

GRUPPO F

BELGIO - MAROCCO 1-0
OLANDA - ARABIA SAUDITA 2-1
ARABIA SAUDITA - MAROCCO 2-1
BELGIO - OLANDA 1-0
OLANDA - MAROCCO 2-1
ARABIA SAUDITA - BELGIO 1-0
Qualificate: OLANDA - ARABIA SAUDITA - BELGIO

OTTAVI DI FINALE

SPAGNA - SVIZZERA 3-0
GERMANIA - BELGIO 3-2
ROMANIA - ARGENTINA 3-2
ARABIA SAUDITA - SVEZIA 1-3
OLANDA - IRLANDA 2-0
BRASILE - STATI UNITI 1-0
ITALIA - NIGERIA 2-1 d.t.s.
26' Amunike (NIG), 88' e 102'rig. R. Baggio (ITA)
BULGARIA - MESSICO 4-2 dcr

QUARTI DI FINALE

ITALIA - SPAGNA 2-1
25' D. Baggio, 58' Caminero, 88' R. Baggio
BRASILE - SVEZIA 3-2
URUGUAY - GHANA 7-6 d.c.r.
BULGARIA - GERMANIA 2-1

SEMIFINALI

ITALIA - BULGARIA 2-1
21' e 25' R. Baggio (ITA), 44' rig. Stoichkov (BUL)
BRASILE - SVEZIA 1-0

FINALE 3° POSTO

SVEZIA - BULGARIA 4-0

FINALE 17/07/1994 - Arbitro: Puhl (Ungheria)
Rose Bowl - Los Angeles - Spettatori: 94.000

BRASILE - ITALIA 3-2 d.c.r

Brasile: Taffarel; Jorginho, Aldair, M. Santos, Branco, Mazinho, Dunga, M. Silva,Zinho, Romario, Bebeto - Allenatore: Parreira
Italia: Pagliuca; Mussi, Maldini, Baresi, Benarrivo, Berti, Albertini, D. Baggio,Donadoni; R. Baggio, Massaro - Allenatore: Sacchi

CLASSIFICA FINALE

1° BRASILE 2° Italia 3° Svezia 4° Bulgaria

1998 in Francia
Vincitore: **FRANCIA**

GRUPPO A
MAROCCO - NORVEGIA 2-2
BRASILE - SCOZIA 2-1
SCOZIA - NORVEGIA 1-1
BRASILE - MAROCCO 3-0
SCOZIA - MAROCCO 0-3
BRASILE - NORVEGIA 1-2
Qualificate: BRASILE - NORVEGIA

GRUPPO B
CAMERUN - AUSTRIA1-1
ITALIA - CILE 2-2
10' Vieri (ITA), 45' e 49' Salas (CHI), 85' rig. R. Baggio (ITA)
ITALIA - CAMERUN 3-0
7' Di Biagio, 75' e 89' Vieri
CILE - AUSTRIA 0-1
ITALIA - AUSTRIA 2-1
48' Vieri (ITA), 90' R. Baggio (ITA), 91' rig. Herzog (AUT)
CILE - CAMERUN 1-1
Qualificate: ITALIA - CILE

GRUPPO C
FRANCIA - SUDAFRICA 3-0
ARABIA SAUDITA - DANIMARCA 0-1
SUDAFRICA - DANIMARCA 1-1
FRANCIA - ARABIA SAUDITA 4-0
FRANCIA - DANIMARCA 2-1
SUDAFRICA - ARABIA SAUDITA 2-2
Qualificate: FRANCIA - DANIMARCA

GRUPPO D
PARAGAY - BULGARIA 0-0
SPAGNA - NIGERIA 2-3
SPAGNA - PARAGAY 0-0
NIGERIA - BULGARIA 1-0
SPAGNA - BULGARIA 6-1
NIGERIA - PARAGAY 1-3
Qualificate: NIGERIA - PARAGUAY

GRUPPO E

OLANDA - BELGIO 0-0
COREA DEL SUD - MESSICO 1-3
OLANDA - COREA DEL SUD 5-0
BELGIO - MESSICO 2-2
OLANDA - MESSICO 2-2
BELGIO - COREA DEL SUD 1-1
Qualificate: OLANDA - MESSICO

GRUPPO F

JUGOSLAVIA - IRAN 0-1
GERMANIA - STATI UNITI 2-0
STATI UNITI - IRAN 1-2
GERMANIA - JUGOSLAVIA 2-2
JUGOSLAVIA - STATI UNITI 1-0
GERMANIA - IRAN 2-0
Qualificate: GERMANIA - JUGOSLAVIA

OTTAVI DI FINALE

ITALIA - NORVEGIA 1-0 - 18' Vieri
BRASILE - CILE 4-1
FRANCIA - PARAGUAY 1-0 d.t.s.
NIGERIA - DANIMARCA 1-4
GERMANIA - MESSICO 2-1
OLANDA - JUGOSLAVIA 2-1
ROMANIA - CROAZIA 0-1
ARGENTINA - INGHILTERRA 6-5 d.c.r.

GRUPPO G

ROMANIA - COLOMBIA 1-0
INGHILTERRA - TUNISIA 2-0
COLOMBIA - TUNISIA 1-0
ROMANIA - INGHILTERRA 2-1
ROMANIA - TUNISIA 1-1
COLOMBIA - INGHILTERRA 0-2
Qualificate: ROMANIA - INGHILTERRA

GRUPPOH

ARGENTINA - GIAPPONE 1-2
GIAMAICA - CROAZIA 1-3
GIAPPONE - CROAZIA 0-1
ARGENTINA - GIAMAICA 5-0
GIAPPONE - GIAMAICA 1-2
ARGENTINA - CROAZIA 1-0
Qualificate: ARGENTINA - CROAZIA

QUARTI DI FINALE

FRANCIA - **ITALIA** 0-0 (4-3 d.c.r.)
BRASILE - DANIMARCA 3-2
ARGENTINA - OLANDA 1-2
GERMANIA - CROAZIA 0-3

SEMIFINALI

BRASILE - OLANDA 1-1 (5-3 d.c.r.)
FRANCIA - CROAZIA 2-1

FINALE 3° POSTO

OLANDA - CROAZIA 1-2

FINALE 12/07/1998
BRASILE - FRANCIA 0-3
27' e 45' Zidane, 90' Petit

CLASSIFICA FINALE

1° FRANCIA 2° Brasile 3° Croazia 4° Olanda

2002 in Corea del Sud/Giappone
Vincitore: **BRASILE**

GRUPPO A
FRANCIA - SENEGAL 0-1
URUGUAY - DANIMARCA 1-2
FRANCIA - URUGUAY 0-0
DANIMARCA - SENEGAL 1-1
DANIMARCA - FRANCIA 2-0
SENEGAL - URUGUAY 3-3
Qualificate: DANIMARCA - SENEGAL

GRUPPO B
PARAGUAY - SUDAFRICA 2-2
SPAGNA - SLOVENIA 2-2
SPAGNA - PARAGUAY 3-1
SUDAFRICA - SLOVENIA 1-0
SUDAFRICA - SPAGNA 2-3
SLOVENIA - PARAGUAY 1-3
Qualificate: SPAGNA - PARAGUAY

GRUPPO C
BRASILE - TURCHIA 2-1
CINA - COSTA RICA 0-1
BRASILE - CINA 4-0
COSTA RICA - TURCHIA 1-1
COSTA RICA - BRASILE 2-5
TURCHIA - CINA 3-0
Qualificate: BRASILE - TURCHIA

GRUPPO D
COREA DEL SUD - POLONIA 2-0
STATI UNITI - PORTOGALLO 3-2
COREA DEL SUD - STATI UNITI 1-1
PORTOGALLO - POLONIA 4-0
PORTOGALLO - COREA DEL SUD 0-1
NIGERIA - PARAGAY 3-1
Qualificate: COREA DEL SUD - STATI UNITI

GRUPPO E
IRLANDA - CAMERUN 1-1
GERMANIA - ARABIA 8-0
GERMANIA - IRLANDA 1-1
CAMERUN - ARABIA 1-0
CAMERUN - GERMANIA 0-2
ARABIA - IRLANDA 0-3
Qualificate: GERMANIA - IRLANDA

GRUPPO F
INGHILTERRA - SVEZIA 1-1
ARGENTINA - NIGERIA 1-0
SVEZIA - NIGERIA 2-1
ARGENTINA - INGHILTERRA 0-1
SVEZIA - ARGENTINA 1-1
NIGERIA - INGHILTERRA 0-0
Qualificate: SVEZIA - INGHILTERRA

OTTAVI DI FINALE
GERMANIA - PARAGUAY 1-0
DANIMARCA - INGHILTERRA 0-3
SVEZIA - SENEGAL 1-2 d.t.s.
SPAGNA - IRLANDA 4-3 d.c.r.
STATI UNITI - MESSICO 2-0
BRASILE - BELGIO 2-0
GIAPPONE - TURCHIA 0-1
COREA DEL SUD - **ITALIA** 2-1 d.t.s.
18' Vieri (ITA), 88' Seol (KOR), 116' Hwan (KOR) (GOLDEN GOL)

GRUPPOG
CROAZIA - MESSICO 1-0
ITALIA - ECUADOR 2-0 - 7' e 27' Vieri
ITALIA - CROAZIA 1-2
54' Vieri (ITA), 73' Olic (CRO), 76' Rapajc
MESSICO - ECUADOR 2-1
MESSICO - **ITALIA** 1-1
34' Borgetti (MEX), 85' Del Piero (ITA)
Qualificate: MESSICO - ITALIA

GRUPPOH
GIAPPONE - BELGIO 2-2
RUSSIA - TUNISIA 2-0
GIAPPONE - RUSSIA 1-0
TUNISIA - BELGIO 1-1
TUNISIA - GIAPPONE 0-2
BELGIO - RUSSIA 3-2
Qualificate: GIAPPONE - BELGIO

QUARTI DI FINALE
INGHILTERRA - BRASILE 3-2
GERMANIA - STATI UNITI 1-0
SPAGNA - COREA DEL SUD 3-5 d.c.r.
SENEGAL - TURCHIA 0-1 d.t.s.

SEMIFINALI
GERMANIA - COREA DEL SUD 1-0
BRASILE - TURCHIA 1-0

FINALE 3° POSTO
COREA DEL SUD - TURCHIA 2-3

FINALE 30/06/2002
GERMANIA - BRASILE 0-2
67 ' e 79' Ronaldo

CLASSIFICA FINALE

1° BRASILE 2° Germania 3° Turchia 4° Corea del Sud

2006 in Germania
Vincitore: **ITALIA**

GRUPPO A

GERMANIA - COSTA RICA 4-2
POLONIA - ECUADOR 0-2
GERMANIA - POLONIA 1-0
ECUADOR - COSTA RICA 3-0
ECUADOR - GERMANIA 0-3
COSTA RICA - POLONIA 1-2
Qualificate: GERMANIA - ECUADOR

GRUPPO B

INGHILTERRA - PARAGUAY 1-0
TRINIDAD E TOBAGO - SVEZIA 0-0
INGHILTERRA - TRINIDAD E TOBAGO 2-0
SVEZIA - PARAGUAY 1-0
SVEZIA - INGHILTERRA 2-2
PARAGUAY - TRINIDAD 2-0
Qualificate: INGHILTERRA - SVEZIA

GRUPPO C

ARGENTINA - COSTA D'AVORIO 2-1
SERBIA E MONTENEGRO - OLANDA 0-1
ARGENTINA - SERBIA 4-0
OLANDA - COSTA D'AVORIO 2-1
COSTA D'AVORIO - SERBIA 2-5
OLANDA - ARGENTINA 0-0
Qualificate: ARGENTINA - OLANDA

GRUPPO D

MESSICO - IRAN 3-1
ANGOLA - PORTOGALLO 0-1
MESSICO - ANGOLA 0-0
PORTOGALLO - IRAN 2-0
IRAN - ANGOLA 1-1
PORTOGALLO - MESSICO 2-1
Qualificate: PORTOGALLO - MESSICO

GRUPPO E

STATI UNITI - REPUBBLICA CECA 0-3

ITALIA - GHANA 2-0

40' Pirlo, 83' Iaquinta

ITALIA - STATI UNITI 1-1

22' Gilardino , 27' aut. Zaccardo

REPUBBLICA CECA - GHANA 0-2

GHANA - STATI UNITI 2-1

REPUBBLICA CECA - **ITALIA** 0-2

26' Materazzi, 87' Inzaghi

Qualificate: **ITALIA** - GHANA

GRUPPO F

AUSTRALIA - GIAPPONE 3-1

BRASILE - CROAZIA 1-0

BRASILE - AUSTRALIA 2-0

GIAPPONE - CROAZIA 0-0

CROAZIA - AUSTRALIA 2-2

GIAPPONE - BRASILE 1-4

Qualificate: BRASILE - AUSTRALIA

OTTAVI DI FINALE

GERMANIA - SVEZIA 2-0

ARGENTINA - MESSICO 2-1 d.t.s.

INGHILTERRA - ECUADOR 1-0

PORTOGALLO - OLANDA 1-0

ITALIA - AUSTRALIA 1-0 95' rig. Totti

SVIZZERA - UCRAINA 0-3 d.c.r.

BRASILE - GHANA 3-0

SPAGNA - FRANCIA 1-3

GRUPPO G

FRANCIA - SVIZZERA 0-0

COREA DEL SUD - TOGO 2-1

FRANCIA - COREA DEL SUD 1-2

TOGO - SVIZZERA 0-2

SVIZZERA - COREA DEL SUD 2-0

TOGO - FRANCIA 0-2

Qualificate: SVIZZERA - FRANCIA

GRUPPO H

SPAGNA - UCRAINA 4-0

TUNISIA - ARABIA SAUDITA 2-2

SPAGNA - TUNISIA 3-1

ARABIA SAUDITA - UCRAINA 0-4

UCRAINA - TUNISIA 1-0

ARABIA SAUDITA - SPAGNA 0-1

Qualificate: SPAGNA - UCRAINA

QUARTI DI FINALE

GERMANIA - ARGENTINA 5-3 d.c.r.

ITALIA - UCRAINA 3-0

6' Zambrotta, 59' e 69' Toni

INGHILTERRA - PORTOGALLO 1-3 d.c.r.

SENEGAL - FRANCIA 0-1

SEMIFINALI

GERMANIA - **ITALIA** 0-2 d.t.s.

119' Grosso, 120' Del Piero

PORTOGALLO - FRANCIA 0-1

FINALE 3° POSTO

GERMANIA - PORTOGALLO 3-1

FINALE - Olympic Stadium - Berlin - Spettatori: 70.000 - Arbitro: Elizondo

ITALIA - FRANCIA 5-3 d.c.r. (1-1)

7' rig. Zidane (FRA), 19' Materazzi (ITA)

ITALIA: Buffon; Zambrotta, Cannavaro, Materazzi,Grosso, Gattuso, Pirlo, Camoranesi, Totti, Perrotta, Toni - Allenatore: Lippi

FRANCIA: Barthez; Sagnol, Thuram, Gallas, Abidal, Makelele, Vieira, Ribery, Zidane, Malouda, Henry - Allenatore: Domenech

CLASSIFICA FINALE

1° ITALIA 2° Francia 3° Germania 4° Portogallo

2010 in Sudafrica
Vincitore: SPAGNA

GRUPPO A
SUDAFRICA - MESSICO 1-1
URUGUAY - FRANCIA0-0
SUDAFRICA - URUGUAY 0-3
FRANCIA - MESSICO 0-2
MESSICO - URUGUAY 0-1
FRANCIA - SUDAFRICA 1-2
Qualificate: URUGUAY - MESSICO

GRUPPO B
ARGENTINA - NIGERIA 1-0
COREA DEL SUD - GRECIA 2-0
ARGENTINA - COREA DEL SUD 2-1
GRECIA - NIGERIA 2-1
NIGERIA - COREA DEL SUD 2-2
GRECIA - ARGENTINA 0-2
Qualificate: ARGENTINA - COREA DEL SUD

GRUPPO C
INGHILTERRA - STATI UNITI 1-1
ALGERIA - SLOVENIA0-1
SLOVENIA - STATI UNITI 2-2
INGHILTERRA - ALGERIA 0-0
SLOVENIA - INGHILTERRA 0-1
STATI UNITI - ALGERIA 1-0
Qualificate: STATI UNITI - INGHILTERRA

GRUPPO D
SERBIA - GHANA 0-1
GERMANIA - AUSTRALIA 4-0
GERMANIA - SERBIA 0-1
GHANA - AUSTRALIA 1-1
GHANA - GERMANIA 0-1
AUSTRALIA - SERBIA 2-1
Qualificate: GERMANIA - GHANA

GRUPPOE

OLANDA - DANIMARCA 2-0
GIAPPONE - CAMERUN 1-0
OLANDA - GIAPPONE 1-0
CAMERUN - DANIMARCA 1-2
DANIMARCA - GIAPPONE 1-3
CAMERUN - OLANDA 1-2
Qualificate: OLANDA - GIAPPONE

GRUPPO F

ITALIA - PARAGUAY 1-1
39' Alcaraz (PAR), 63' De Rossi (ITA)
N. ZELANDA - SLOVACCHIA 1-1
SLOVACCHIA - PARAGUAY 0-2
ITALIA - NUOVA ZELANDA 1-1
9'Smeltz (NZL) , 29' rig. Iaquinta (ITA)
PARAGUAY-N.ZELANDA 0-0
SLOVACCHIA - **ITALIA** 3-2
25' e 73' Vittek , 81' Di Natale (ITA), 89' Kopunek, 87 Quagliarella (ITA)
Qualificate: PARAGUAY - SLOVACCHIA

OTTAVI DI FINALE

URUGUAY - COREA DEL SUD 2-1
STATI UNITI - GHANA 1-2 d.t.s.
GERMANIA - INGHILTERRA 4-1
ARGENTINA - MESSICO 3-1
OLANDA - SLOVACCHIA 2-1
BRASILE - CILE 3-0
PARAGUAY - GIAPPONE 5-3 d.c.r.
SPAGNA - PORTOGALLO 1-0

GRUPPO G

COSTA D'AVORIO - PORTOGALLO 0-0
BRASILE - COREA DEL NORD 2-1
BRASILE - COSTA D'AVORIO 3-1
PORTOGALLO - COREA DEL NORD 7-0
PORTOGALLO - BRASILE 0-0
COREA DEL NORD - COSTA D'AVORIO 0-3
Qualificate: BRASILE - PORTOGALLO

GRUPPO H

HONDURAS - CILE 0-1
SPAGNA - SVIZZERA 0-1
CILE - SVIZZERA 1-0
SPAGNA - HONDURAS 2-0
CILE - SPAGNA 1-2
SPAGNA - HONDURAS 0-0
Qualificate: SPAGNA - CILE

QUARTI DI FINALE

URUGUAY - GHANA 5-3 d.c.r.
BRASILE - OLANDA 1-2
ARGENTINA - GERMANIA 0-4
PARAGUAY - SPAGNA 0-1

SEMIFINALI

URUGUAY - OLANDA 2-3
GERMANIA - SPAGNA 0-1

FINALE 3° POSTO

GERMANIA - URUGUAY 3-1

FINALE 11/07/2010

OLANDA - SPAGNA 0-1 d.t.s

116' Iniesta

CLASSIFICA FINALE

1° SPAGNA 2° Olanda 3° Germania 4° Uruguay

2014 in Brasile
Vincitore: GERMANIA

GRUPPO A
BRASILE - CROAZIA 3-1
MESSICO - CAMERUN 1-0
BRASILE - MESSICO 0-3
CAMERUN - CROAZIA 4-0
CAMERUN - BRASILE 1-4
CROAZIA - MESSICO 1-3
Qualificate: BRASILE - MESSICO

GRUPPO B
OLANDA - SPAGNA 1-5
CILE - AUSTRALIA 3-1
SPAGNA - CILE 0-2
AUSTRALIA - OLANDA 2-3
AUSTRALIA - SPAGNA 0-3
OLANDA - CILE 2-0
Qualificate: OLANDA - CILE

GRUPPO C
COLOMBIA - GRECIA 3-0
COSTA D'AVORIO - GIAPPONE 2-1
COLOMBIA - COSTA D'AVORIO 2-1
GIAPPONE - GRECIA 0-0
GIAPPONE - COLOMBIA 1-4
GRECIA - COSTA D'AVORIO 2-1
Qualificate: COLOMBIA - GRECIA

GRUPPO D
URUGUAY - COSTA RICA 1-3
INGHILTERRA - **ITALIA** 1-2
35' Marchisio (ITA), 37' Sturridge (ENG), 50' Balotelli (ITA)
URUGUAY - INGHILTERRA 2-1
ITALIA - COSTA RICA 0-1
44' Ruiz (CRC)
ITALIA - URUGUAY 0-1 81' Godin
COSTA RICA - INGHILTERRA 0-0
Qualificate: COSTA RICA - URUGUAY

GRUPPO E
SVIZZERA - ECUADOR 2-1
FRANCIA - HONDURAS 3-0
FRANCIA - SVIZZERA 5-2
HONDURAS - ECUADOR 1-2
HONDURAS - SVIZZERA 0-3
ECUADOR - FRANCIA 0-0
Qualificate: FRANCIA - SVIZZERA

GRUPPO F
ARGENTINA - BOSNIA 2-1
IRAN - NIGERIA 0-0
ARGENTINA - IRAN 1-0
NIGERIA - BOSNIA 1-0
NIGERIA - ARGENTINA 2-3
BOSNIA ERZEGOVINA - IRAN 3-1
Qualificate: ARGENTINA - NIGERIA

OTTAVI DI FINALE
BRASILE - CILE 4-3 d.c.r.
COLOMBIA - URUGUAY 2-0
OLANDA - MESSICO 2-1
COSTA RICA - GRECIA 6-4 d.c.r.
FRANCIA - NIGERIA 2-0
GERMANIA - ALGERIA 4-3 d.t.s.
ARGENTINA - SVIZZERA 1-0 d.t.s.
BELGIO - STATI UNITI2-1 d.t.s.

GRUPPO G
GERMANIA - PORTOGALLO 4-0
GHANA - STATI UNITI 2-1
GERMANIA - GHANA 2-2
STATI UNITI - PORTOGALLO 2-2
STATI UNITI - GERMANIA 0-1
PORTOGALLO - GHANA 2-1
Qualificate: GERMANIA - STATI UNITI

GRUPPO H
BELGIO - ALGERIA 2-1
RUSSIA - COREA DEL SUD 1-1
BELGIO - RUSSIA 1-0
COREA DEL SUD - ALGERIA 2-4
COREA DEL SUD - BELGIO 0-1
ALGERIA - RUSSIA 1-1
Qualificate: BELGIO - ALGERIA

QUARTI DI FINALE
BRASILE - COLOMBIA 2-1
FRANCIA - GERMANIA 0-1
OLANDA - COSTA RICA 4-3 d.c.r.
ARGENTINA - BELGIO 1-0

SEMIFINALI
BRASILE - GERMANIA 1-7
OLANDA - ARGENTINA 2-4 d.c.r.

FINALE 3° POSTO
BRASILE - OLANDA 0-3

FINALE

GERMANIA - ARGENTINA 1-0 d.t.s

113' Goetze

CLASSIFICA FINALE

1° GERMANIA 2° Argentina 3° Brasile 4° Olanda

2018 in Russia
Vincitore: **FRANCIA**

GRUPPO A
RUSSIA - ARABIA SAUDITA 5-0
EGITTO - URUGUAY 0-1
RUSSIA - EGITTO 3-1
URUGUAY - ARABIA SAUDITA 1-0
URUGUAY - RUSSIA 3-0
ARABIA SAUDITA - EGITTO 2-1
Qualificati: URUGUAY - RUSSIA

GRUPPO B
MAROCCO - IRAN 0-1
PORTOGALLO - SPAGNA 3-3
PORTOGALLO - MAROCCO 1-0
IRAN - SPAGNA 0-1
IRAN - PORTOGALLO 1-1
SPAGNA - MAROCCO 2-2
Qualificati: SPAGNA - PORTOGALLO

GRUPPO C
FRANCIA - AUSTRALIA 2-1
PERÙ - DANIMARCA 0-1
DANIMARCA - AUSTRALIA 1-1
FRANCIA - PERÙ 1-0
DANIMARCA - FRANCIA 0-0
AUSTRALIA - PERÙ 0-2
Qualificati: FRANCIA - DANIMARCA

GRUPPO D
ARGENTINA - ISLANDA 1-1
CROAZIA - NIGERIA 2-0
ARGENTINA - CROAZIA 0-3
NIGERIA - ISLANDA 2-0
NIGERIA - ARGENTINA 1-2
ISLANDA - CROAZIA 1-2
Qualificati: CROAZIA - ARGENTINA

GRUPPO E

COSTA RICA - SERBIA 0-1
BRASILE - SVIZZERA 1-1
BRASILE - COSTA RICA 2-0
SERBIA - SVIZZERA 1-2
SERBIA - BRASILE 0-2
SVIZZERA - COSTA RICA 2-2
Qualificati: BRASILE - SVIZZERA

GRUPPO F

GERMANIA - MESSICO 0-1
SVEZIA - COREA DEL SUD 1-0
COREA DEL SUD - MESSICO 1-2
GERMANIA - SVEZIA 2-1
COREA DEL SUD - GERMANIA 2-0
MESSICO - SVEZIA 0-3
Qualificati: SVEZIA - MESSICO

OTTAVI DI FINALE

URUGUAY - PORTOGALLO 2-1
FRANCIA - ARGENTINA 4-3
SPAGNA - RUSSIA 4-5 d.c.r.
CROAZIA - DANIMARCA 4-3 d.c.r.
BRASILE - MESSICO 2-0
BELGIO - GIAPPONE 3-2
SVEZIA - SVIZZERA 1-0
COLOMBIA - INGHILTERRA 4-5 d.c.r.

GRUPPO G

BELGIO - PANAMA 3-0
TUNISIA - INGHILTERRA 1-2
BELGIO - TUNISIA 5-2
INGHILTERRA - PANAMA 6-1
INGHILTERRA - BELGIO 0-1
PANAMA - TUNISIA 1-2
Qualificati: BELGIO - INGHILTERRA

GRUPPO H

COLOMBIA - GIAPPONE 1-2
POLONIA - SENEGAL 1-2
GIAPPONE - SENEGAL 2-2
POLONIA - COLOMBIA 0-3
GIAPPONE - POLONIA 0-1
SENEGAL - COLOMBIA 0-1
Qualificati: COLOMBIA - GIAPPONE

QUARTI DI FINALE

URUGUAY - FRANCIA 0-2
BRASILE - BELGIO 1-2
SVEZIA - INGHILTERRA 0-2
RUSSIA - CROAZIA 5-6 d.c.r.

SEMIFINALI

FRANCIA - BELGIO 1-0
CROAZIA - INGHILTERRA 2-1 d.t.s.

FINALE 3° POSTO

BELGIO - INGHILTERRA 2-0

FINALE - 15/07/2018
FRANCIA - CROAZIA 4-2

18' aut. Mandžukic (CRO), 28' Perišic (CRO), 38' rig. Griezmann (FRA), 59' Pogba (FRA), 65' Mbappé (FRA), 69' Mandžukic (CRO)

CLASSIFICA FINALE

1° FRANCIA 2° Croazia 3° Belgio 4° Inghilterra

RECORD SINGOLI GIOCATORI

Maggior numero di convocazioni

5 Antonio Carbajal - Messico (1950-1954-1958-1962-1966)

5 Lothar Matthäus - Germania (1982-1986-1990-1994-1998)

5 Gianluigi Buffon - Italia (*1998*-2002-2006-2010-2014)

5 Rafael Márquez - Messico (2002-2006-2010-2014-2018)

Maggior numero di partite giocate

25 Lothar Matthäus - Germania (2 nel 1982, 7 nel 1986, 7 nel 1990, 5 nel 1994, 4 nel 1998)[6]

24 Miroslav Klose - Germania (7 nel 2002, 7 nel 2006, 5 nel 2010, 5 nel 2014)

23 Paolo Maldini - Italia (7 nel 1990, 7 nel 1994, 5 nel 1998, 4 nel 2002)

Vincitori da giocatore e allenatore. Tra parentesi i trionfi dalla panchina.

Franz Beckenbauer - Germania 2 1974, (1990)

Didier Deschamps - Francia 2 1998, (2018)

Disciplina

Maggior numero di espulsioni

2 Rigobert Song - Camerun (una nel 1994 e l'altra nel 1998)

2 Zinédine Zidane - Francia (una nel 1998 e l'altra nel 2006)

Maggior numero di cartellini

6 Cafu - Brasile (6 gialli e 0 rossi)

6 Zinédine Zidane - Francia (4 gialli e 2 rossi)

Gol

Maggior numero di gol segnati

16 Miroslav Klose - Germania (5-2002, 5-2006, 4-2010, 2-2014)

Partite con almeno 1 gol segnato

11 Ronaldo - Brasile

Maggior numero di gol segnati in una singola edizione

13 reti: Just Fontaine - Svezia195

Maggior numero di edizioni concluse con almeno una rete

4 Pelé Brasile (6-1958,1-1962,1-1966,4-1970), Uwe Seeler Germania Ovest (2 nel 1958, 2 nel 1962, 2 nel 1966, 3 nel 1970), Miroslav Klose Germania (5 nel 2002, 5 nel 2006, 4 nel 2010, 2 nel 2014), Cristiano Ronaldo Portogallo (1 nel 2006, 1 nel 2010, 1 nel 2014, 4 nel 2018)

Maggior numero di gol in una partita

5 Oleg Salenko - Russia (Russia-Camerun 6-1, 1994, Gruppo B)

Gol più tardivo
120 minuti e 51 s - Djabou - Algeria (2014, Germania-Algeria 2-1 dts)
Gol più veloci
11 secondi: Hakan Sükür - Turchia - Corea del Sud 3 - 2 - Finale 3°/4° posto Giapppone/corea 2002
15 secondi: Václav Mašek - Cecoslovacchia - Messico Fase a Gironi (3° Gruppo) 1 - 3 1962 Cile
23 secondi: Pak Seung-Zin - Corea del Nord - Portogallo Quarti di finale 3 - 5 1966 Inghilterra
ETÀ
Giocatore più giovane
Norman Whiteside (17 anni, 41 giorni) - Jugoslavia - Irlanda del Nord 0-0, 1982, primo turno, gruppo E
Giocatore più anziano
Essam El-Hadary (45 anni, 161 giorni) - Arabia Saudita - Egitto 2-1, 2018, primo turno, gruppo A
Marcatore più giovane
Pelé (17 anni, 239 giorni) - Brasile - Galles 1-0, 1958, quarti di finale
Marcatore più anziano
Roger Milla (42 anni, 39 giorni) - Camerun-Russia 1-6, 1994, primo turno, gruppo B
Campione del mondo più giovane:
Pelé - Brasile (17 anni, 249 giorni) - in Svezia 29 giugno 1958
Campione del mondo più anziano:
Dino Zoff - Italia (40 anni, 134 giorni) - Madrid (Spagna), 11 luglio 198
Maggiore imbattibilità di un portiere
518 minuti Walter Zenga - Italia (1990, dal 1' della prima partita al 68' della semifinale);
Minor numero di gol subiti per tutta la durata del torneo
2 reti: Walter Zenga Italia 1990 - Fabien Barthez Francia 1998 - Gianluigi Buffon Italia 2006 - Iker Casillas Spagna 2010)
Allenatori
Maggior numero di partite: 25 Helmut Schön - Germania Ovest (6 nel 1966, 6 nel 1970, 7 nel 1974, 6 nel 1978).
Maggior numero di titoli mondiali: 2 Vittorio Pozzo -Italia (1934, 1938).

RECORD SQUADRE

Media gol a partita: 5,4 - Ungheria (1954, in cinque partite)

Reti segnate in una singola edizione: 27 Ungheria (1954, in cinque partite)

Reti subite in una singola edizione: 16 Corea del Sud (1954, 9 dall'Ungheria e 7 dalla Turchia)

Reti segnate in una singola partita: 10

Ungheria (1982, Ungheria-El Salvador 10-1, II Girone)

Reti subite in una singola partita: 10

El Salvador (1982, Ungheria-El Salvador 10-1, II Girone)

Minor numero di reti subite in un'edizione: 0

Svizzera (2006, 4 partite), la Svizzera uscì agli ottavi contro l'Ucraina perdendo 3-0 ai tiri di rigore

Vittorie consecutive (singola edizione): 7 Brasile (2002, tutte le partite)

Vittorie consecutive (più edizioni): 11 Brasile (7 nel 2002, 4 nel 2006)

Partite consecutive senza vittoria: 17 Bulgaria (dal debutto nel 1962 al 1994)

Partite senza sconfitte (edizioni consecutive): 13 Brasile (6 nel 1958, 6 nel 1962, 1 nel 1966)

Imbattibilità del portiere: 518 minuti Italia (1990)

Maggior numero di partite vinte ai calci di rigore: 4 Germania, Argentina

Maggior numero di partite perse ai calci di rigore: 3 Italia, Inghilterra, Spagna

Maggior numero di partite disputate: 109 Germania (comprese le edizioni dal 1954 al 1990, quando partecipò come Germania Ovest) (in 19 partecipazioni) e Brasile (in 21 partecipazioni)

Maggior numero di reti realizzate: 229 Brasile

Maggior numero di reti subite: 125 Germania (comprese le edizioni dal 1954 al 1990, quando partecipò come Germania Ovest)

Maggior numero di vittorie: 73 Brasile

Maggior numero di pareggi: 21 Italia, Inghilterra

Maggior numero di sconfitte: 27 Messico

Maggior numero di partecipazioni: 21 Brasile (tutte le edizioni)

Maggior numero di finali disputate: 8 Germania

Maggior numero di finali vinte: 5 Brasile (su sei disputate, oltre alla partita decisiva del girone finale del 1950)

Maggior numero di finali perse: 4 Germania (su otto disputate)

Maggior numero di piazzamenti nei primi quattro posti: 13 Germania

RECORD PARTITE

Partita più giocata: Brasile-Svezia, Germania-Jugoslavia (oggi Serbia) e Germania-Argentina, 7 volte

Partita più giocata in edizioni consecutive: Italia-Argentina, 5 volte dal 1974 al 1990.

Cartellini in una partita: 16 (Portogallo-Olanda 2006, ottavi di finale)

Cartellini rossi in una partita: 4 (2006, Portogallo-Olanda, ottavi di finale, 2 espulsioni per parte)

Gol in una partita: 12 (1954, Svizzera-Austria 7-5, quarti di finale)

Gol in una partita inaugurale: 6 (2006, Germania-Costa Rica 4-2)

Gol in una partita finita in parità: 8 (1954, Inghilterra-Belgio 4-4 e 1962, URSS-Colombia 4-4)

Gol ai tempi supplementari: 5 (1970, Italia-Germania 4-3, 1-1 al 90°)

Printed in Great Britain
by Amazon

82468550R00109